我
思

敢于运用你的理智

# 张纯一

## （1871—1955）

字仲如，湖北汉阳人；1909年开始任职于基督教出版机构上海广学会，编纂《大同报》，从事基督教的研究；后因对基督教的批判，为教界所排斥，于1919年离开广学会；后开始真正接触佛教界和研究佛学，主张"佛化基督教"，得到太虚大师的赏识。

除了对基督教和佛教有切身的体会和研究外，张纯一对诸子百家也有深入的研究，著有《晏子春秋校注》（1930）、《阴符经真解》（1944）、《老子通释》（1946）等；尤其在墨学研究上做出了卓越的贡献，著有《墨子间诂笺》（1922）及增订本、《墨学与景教》（1923）、《墨学分科》（1923）、《墨子集解》（1936）。

# 老子通释 阴符经真解

张纯一 著

崇文书局

图书在版编目（CIP）数据

　　老子通释；阴符经真解 / 张纯一著. -- 武汉：崇
文书局，2025.6. --（禅解儒道丛书）. -- ISBN 978-7-
5403-8159-2

　　Ⅰ. B223.12；B223.02

　　中国国家版本馆 CIP 数据核字第 2025TG8961 号

《老子通释》据商务印书馆 1946 年 12 月初版。

《阴符经真解》据 1947 年《政治季刊》第 5 卷第 1—2 期。

# 老 子 通 释　阴 符 经 真 解

LAOZI TONGSHI YINFUJING ZHENJIE

出 版 人　韩 敏

出　品　崇文书局人文学术编辑部

策 划 人　梅文辉(mwh902@163.com)

责任编辑　梅文辉

装帧设计　甘淑媛

责任印制　邵雨奇

出版发行　长江出版传媒｜崇 文 书 局

地　址　武汉市雄楚大街 268 号 C 座 11 层

电　话　（027）87679712　邮政编码　430070

印　刷　武汉中科兴业印务有限公司

开　本　880mm×1230mm　1/32

印　张　6.25

字　数　100 千

版　次　2025 年 6 月第 1 版

印　次　2025 年 6 月第 1 次印刷

定　价　48.00 元

（读者服务电话：027—87679738）

# 目　录

# 自序

　　道一而已。一切德教政艺无不通。所不通者，人智有限，于所熟习者，恒知其一不知其二，于所未习者，竟一无所知，不通甚已。间世圣贤辈出，所知较凡愚多甚，而有一间未达者，即其推行不能尽通者亦甚多。以其所知，仍多偏而未遍故。故非等觉因圆、妙觉果满之诸佛，未能言正遍知也。吾国道、墨、儒三家，老、庄、孔、墨四圣，遥承黄帝、尧、舜、禹、文之心传，见道真谛，卓绝终古，余子无能及者，其于道也几乎无不通。老子曰道，曰常，曰一，曰真，曰朴，曰微妙玄通。庄子曰大宗师，曰天地精神（《天下》），曰纯素（《刻意》），曰道通为一（《齐物论》），曰同于大通（《大宗师》）。孔子曰太极，曰元，曰一，曰寂然不动、感而遂通天下之故。墨子通万别为一兼，通亡去于无变，通众世于寡世，通尚世后世于今之世，通人于我，通死于生。皆即外是内而不二，通于释氏之唯一真心，至周洽也。然究未若释氏以唯一真心，摄尽三千大千世界，又细入微尘而无间，总无量无边有情无情于一心，无内无外，为通之至也。故知老、庄、孔、墨，皆大通乎道，而犹有未能尽通者也，得毋待于内典以圆通之乎？

或有不满吾言者，试问佛典所谓天眼通、天耳通、他心通、宿命通、神境通、漏尽通诸造诣，除《道藏》书偶见欠精析外，儒、墨二家书曾一见否？又如佛典所谓三界九地二十八天之行境，华严行者五十二位之修证，道、墨、儒三家书曾一见否？然则道、墨、儒三家，于穷理尽性以至于命之道，有所未通者多矣！《四库全书》多属皮肤之见，未见及肉，遑云骨髓，真不值精佛理者一顾。施教者不知尽性以寿世，则道德不透宗；从政者不能尽性以寿世，则治平无定准，乌可讳疾而忌医耶？汉儒见道不广，独尊一孔，苟简自画，无出世想，陋已！经学博士，品德多不高尚，可证。（汉儒发挥经义，有裨世道，功不可没。）宋儒更攻击佛、老为异端，盲从孟子非墨兼爱，皆井蛙之见，不知性海无边，本无不通也。（宋儒励行敷教能正人心，功亦甚大。）呜呼，何儒家工于塞者之多也！只一万仞宫墙，遮断无边道岸，假令宫墙高仅十仞，当可多见天日也。二千年来教者盲导，学者盲从，吾甚哀之。

今读《老子》有动于中，姑即其学之本通于佛、儒、墨、耶，而先哲未为之通者而尽通之，名曰《老子通释》。归本于"不言之教，无为之益"（四十三章）。此与释氏"语言道断""世尊说法四十九年，尚谓未尝道着一字"者通；与孔子云"《易》者象也，象也者像也"（《系下》），"书不尽言，言不尽意"（《系上》），"物不可穷，以未济终"（《序卦》）通；与《墨子·经下》"是是与是同，说在不文"通；与《庄子·齐物论》曰"大道不称，大辩不言"，《知北游篇》曰"不知深矣，知之浅矣，弗知内矣，知之外矣，孰知不知之知"通。此皆第一胜义空也。苟通乎此，纵有工于茅塞自心之孟子、荀子再世，亦塞之无可塞也；彼以学宗程、朱鸣高者，其酣梦亦可以醒矣。庶几未来学者，知不聋盲，性光无夜，朗慧日于昏衢，登群生于觉路。妙湛一心源，寿贞十法界，福乐永无疆矣！

孟子固当时大贤，然以依傍①孔子门户而见尊，在周秦诸子中非上选，不足与解齐于老之庄子并论②。非墨兼爱，未见道之大全，不知性之第一义，故云性善。而言政当仁义，虽不及无为之至治，亦衰世众生所宜尊也。荀子疵颣更多于孟，不赘。

儒者诋毁墨子，则一切内明精妙性理，无由得知，决不勇于救世。并远离③一切考证学、文字学、名学、光学、声学、力学、物理学、物质不灭说、几何学、算学、微积分、测量学、地圆说、地心不动说、望远镜、射远仪、飞机原理、经济学、货币论、价值论、民约论、政治学，种种微妙哲理物理，足以正德利用厚生者，无人赓续昌明，可为痛心。

排斥佛老，无由明见真常自性，生时热恼多而年不永，死后贪瞋痴暗感应途多，出苦无期，奈何奈何！

远西哲学家著述之秀者，等于秦汉诸子，而见性无出耶教上者。耶教间有胜义，堪与老、庄、孔、墨四圣并驾，亦稍有上追及佛者。惜其义多半而未满，又混杂荒谬处多，适成天魔外道，破坏世出世法，摧残东亚文化，戕贼信众性灵，误尽天下苍生，殊可哀悯。余尝据

————————————

① 傍，原作"榜"。

② 本句文义似有不通。

③ 远离，原在"文字学"之前。

佛、道、墨、儒教义，著改造耶教书八种，惜无真知通人可告语者，深山藏之。

近人治哲学者，竞尚欧风，往往以凡夫似比量之眼光，读往圣真现量书，移东就西，牵扯附会，未免毁胜为劣。例如胡适之《中国哲学史大纲》，谓："老子创为一种革命的政治哲学，他说'大道废有仁义，智慧出有大伪，六亲不和有孝慈，国家昏乱有忠臣'，所以他主张'绝圣弃智，民利百倍，绝仁弃义，民复孝慈，绝巧弃利，盗贼无有'，这是极端的破坏主义，是毁坏一切文物制度。"不知老子破矫揉造作之伪，所以显清静无为之真，正是复古的高尚建设。胡君又谓："老子无为，是主张极端放任无为的政策，如十八世纪英法经济学者，又如斯宾塞的政策学说，都以为既有了无为又无不为的天道，又何必要政府来干涉人民的举动。"不知老子之无为，是纯正哲学，摄世间法于出世法，融出世法于世间法，不得专以世间粗浅放任政治论。无为正义，是妙湛真心，周遍法界，如如不动。又如《易·系上》云"无思无为，寂然不动，感而遂通天下之故"，《阴符经》云"天之无恩而大恩生"，《墨子·法仪篇》云"天之行广而无私，其施厚而不德"，皆可为"无为"之义，"无为无不为"之确诂。姑引申之，是无我见之为，无私意之为，无不平等之为，毫无伪饰之为，无敢扰民之为，非常庄严。"清静为天下正"（四十五章），生而不有，长而不宰，功成而不居，"执大象，天下往，往而不害，安平泰"（三十五章）。如舜有臣五人而天下治，孔子称其无为而治，是已。故知胡君说老，未免厚诬古人，遗误来者，时

4

人踵而效之尤滋多矣。

余常谓：注书人之识，必优于著书人，如不害著书人。注者，识与著者等，著者减其半德。注者识劣于著者，著者受害多矣。惟庄子见道真谛，故能发老子所未发。墨子亦然，均通明空理故。佛理优胜于老，故必精通佛学者，尽知老子之玄妙，亦知其有欠圆了处。如曰“天地万物生于有，有生于无”，堕于无因。曰“天法道，道法自然”，自然须作法尔解，不变随缘、随缘不变为得。曰“无死地”，未若明言本无生为了义也。虽然，是皆不足为老子病，老子未言道，先破执，曰“道可道非常道，名可名非常名”，以道不可言，言则有漏也。今为《通释》，说明老子玄理在在与佛法通，开拓学子万古心胸，俾不拘守一家一先生言，以自缚于生死，志趣自尔高超，知见自尔真切远到，然后可以读老子之书，通老子之志：老子当以我为知言。佛门弟子，通知佛祖真心无限者，敢于诃佛骂祖，皆佛祖所嘉许也。希腊亚里士多德常反对其师柏拉图说，或诘之，答曰“吾爱吾师柏拉图，吾爱真理更甚于吾师”，可谓当仁不让于师矣。

《老子》旧注甚多，非精通佛理者，其注不足观。近蒋锡昌《老子校诂》，搜罗甚富，校文可采，而诂误者多不可泛[①]。何以从？老子真俗双融，深人无浅语，解者识浅不足以知深，例如大小，多少，报怨以德，文约义丰。姚鼐、马叙伦、奚侗皆言文有脱误，皆以儒者知见解老，安得不冤杀老子。

顾炎武《唐韵正》、姚文田《古音谐》、江有诰《先

① 泛，似应作“从”。

秦韵读》，均载《老子》音韵，宜检读。

今敢正告读《老子》者，《老子》学理精辟，在吾国除《阴符经》、管子《心术》《内业》《白心》《庄子》《墨经》《列子》中胜义外，无能比者。以视佛学之圆密，生死无众生之异同，因果无三世之转易，起惑之缘不具，证真之境不详，玄德未尽摄于一心，无为未妙满于等觉，有逊色也。多读内典自知之。

孔子删订《诗》《书》，功过参半，伏羲、神农、黄帝、颛顼、帝喾，玄德渊微，足为万世法也。逸诗可诵者多也。太史公史首黄帝，识优于孔，不载伏羲、神农，亦疏陋也。本墨家言，谓儒博而寡要，允已。虽宗道家，所得肤浅，谓申、韩之学，本于黄、老，谬甚。黄帝师广成子，学有成就，证神境通，未必漏尽。道家祖之，足以昭示后世。史著政绩之粗，不彰德行之妙，以荐绅先生难言故。讵知荐绅先生聋盲之知，闻道大笑，奚足怪耶？自来曲高者和寡，日月不能私其耀，以就曲照之惠，震雷不能细其音，以协金石之和，竟为拙工废弃绳墨，慎已。《四库全书》甲经乙史丙子，不知老、庄、墨子胜义，优于经者不少，竟列史后，毋乃小智而大迷，止阻学者精进。二千年来学者心灵，桎梏于儒。世丧道，道丧世，世与道交相丧，人不人矣。今且江河日下，求为儒者而不得，欧风荡，亚化灭，哀哉！窃愿读《老子》者，上求佛化以完其神理，自觉觉他，普度尽未来际无尽众生，尽复于自心本真无量寿光之初，幸甚！嗟乎，无上正等觉道，甚难闻也，能尽通乎？窃愿与精通老、庄、墨学者，一言佛法以为归。

# 绪论

## （一）老子之略历

《史记·老子列传》云：老子者（郑康成以为寿考之称），楚苦县厉乡曲仁[①]里人也（苦县本属陈，春秋时属楚，地理志实属淮阳郡），姓李氏，名耳，字伯阳，谥曰聃（《正义》疑老子耳漫无轮，故世号曰聃。王念孙说"字聃"），周守藏室之史也。孔子适周问礼于老子，老子曰："子所言者，其人与骨皆已朽矣（示人生无常），独其言在耳（明不言之教天下希及之），且君子得其时则驾，不得其时则蓬累而行。吾闻之，良贾深藏若虚，君子盛德，容貌若愚（无知无欲，是外身以存身之道），去子之骄气与多欲，态色与淫志（我见炽然，害本清净法身），是皆无益于子之身。吾所以告子，若是而已。"孔子去，谓弟子曰："鸟吾知其能飞，鱼吾知其能游，兽吾知其能走。走者可以为罔，游者可以为纶，飞者可以为矰。至于龙，吾不知，其乘风云而上天。吾今日见老子，其犹龙耶！"（龙喻道妙不可思议。）老子修道德，其学以自隐无名为务，居周，久之，见周之衰，乃去。至关，关令尹喜曰，子将隐矣，强

①仁，原文缺。

为我著书，于是老子乃书上下篇，言道德之意五千余言而去，莫知其所终。老子修道养寿，隐君子也，世之学老子者则绌儒学，儒学亦绌老子。（老学出世，儒学入世，道本相成，浅人互相绌，世风所以日下也。）道不同不相为谋，岂谓是耶！李耳，无为自化，清静自正。

## （二）周秦诸子，道儒墨三家居重要地位

吾国道学昌明，周季为最，百家蜂起，各树一帜，而居世间重要地位者，莫如道、墨、儒三家。阴阳家、名家之学理，道、墨、儒三家所互摄也。老子曰"万物负阴而抱阳"；孔子曰"一阴一阳之谓道"；墨子曰"凡回于天地之间，包于四海之内，天壤之情，阴阳之和，莫不有也"。道家以道常无名，一切美善有无生死等名，皆非无状之状，故尚无名。孔子正名，以君君臣臣父父子子，名不正则言不顺，故著《春秋》，且以君子疾没世而名不称，故称名教。墨子兼以正别，故以名举实著《辩经》，分析名相，又遣除名相，能立能破，合道、儒而一之，名学成家矣。法家明分职不相逾越，虽三家所不重，亦足以济道德之穷。农家、纵横家、杂家之说又次之，故太史公不叙及，至兵家、技巧家、小说家言又次之，故刘向亦不列入九流也。

## （三）道儒墨三家南北俱异派

道家以出世间法，引导世间之净行，为南方之学者，老子为首，庄子副之。儒家注重世间法，间亦回向出世法，为北方之学者，孔子为首。墨家冶南北二派于一炉，墨道遍于南北，墨子为

首.三家皆遥承积古道法大备之秘传,务以道之真治其身者也,而致用于出世入世之途,则本同而差异。皆以人必有真知识,而后有真道德;有真道德,而后有真事功也。

## （四）老学之渊源

（1）黄帝。

道家以黄帝为祖。《列子·天瑞篇》:"《黄帝书》曰,谷神不死,是谓玄牝。玄牝之门,是谓天地根。绵绵若存,用之不勤。"是《老子》书第六章之所本。

《庄子·知北游篇》:"黄帝曰:……夫知者不言,言者不知,故圣人行不言之教。故曰失道而后德,失德而后仁,失仁而后义,失义而后礼.礼者,道之华而乱之首也。故曰为道者日损,损之又损之,以至于无为,无为而无不为也。"此《老子》书五十六章、四十三章、三十八章、四十八章所引用也。又曰"生也死之徒,死也生之始,孰知其纪",此《老子》书五十章"出生入死,生之徒十有三,死之徒十有三,人之生动之死地亦十有三"所从出也。

《阴符经》,黄帝撰,曰:"天之无恩而大恩生。"《老子》三十四章云:"大道泛兮,其可左右。万物恃之以①生而不辞,功成不名有,衣被②万物而不为主。以其终不自为大,故能成其大。"八十一章云"天之道利而不害",其旨一也。《墨子·法仪篇》

---

① 以,原作"而"。
② 被,原作"养"。

曰："天之行广而无私，其施厚而不德。"《论语》云："天何言哉？四时行焉，百物生焉，天何言哉？"义同。

又曰："天生天杀，道之理也。天地，万物之盗。"《老子》五章云"天地不仁，以万物为刍狗"，言万物生灭义同。又曰"禽之制在炁"，是《老子》十章"专气致柔"之本。

《吕氏春秋·去私篇》云："黄帝声禁重，色禁重，衣禁重，香禁重，味禁重，室①禁重。"《老子》十二章云："五色令人目盲，五音令人耳聋，五味令人口爽，难得之货令人行妨。"无异致也，自来黄、老并称，允已。

（2）尧舜。

《史记·五帝本纪》云"帝喾溉执中而遍天下"，尧承其传，曰"人心惟危，道心惟微，惟精惟一，允执厥中"，尧以传舜，舜以传禹，儒家称为十六字心传。《荀子·解蔽篇》称为道经之言。《老子》五章云："多言数穷，不如守中。"《庄子·齐物论》曰"彼是莫得其偶，谓之道枢，枢始得其环中，以应无穷"，同一中庸之旨。《墨子·经说上②》云"中央，旁也"，破边执，并破中执，道更进矣。

《书·舜典》，尧纳舜于大麓，"烈风雷雨弗迷"，此内典所谓金刚三昧，楞严大定境界，非尘寰圣贤所能进步，是唐、虞无为郅治之大本，尧、舜所以有天下而不与者在此。儒家祖述尧舜，惜仅得其政迹之粗也。《庄子·田子方篇》云："有虞氏死

---

① 室，原作"食"。

② 上，原作"下"。

生不入于心。"得其旨矣。《老子》五十章云："善摄生者，陆行不遇兕虎，入军不被甲兵，兕无所投其角，虎无所措其爪，兵无所容其刃。夫何故？以其无死地。"兕虎甲兵与烈风雷雨异，而不动于中，以静胜之，一也。

《史记·商君传》"虞舜有言曰，自卑也尚矣"，此老子以柔胜刚，以屈为伸之本。

（3）大禹。

禹王天下，色尚黑，《礼记·檀弓上》云："夏后氏尚黑。"《老子》二十八章云："知其白，守其黑，为天下式。"墨家宗之。

《书·禹贡》"禹锡玄圭"。《老子》十五章云"微妙玄通，深不可识"；六十五章云"玄德深矣远矣，与物反矣，然后乃至大顺"，此表著内圣外王，不德之上德。后世倒黑为白，尚霸术者当知非矣。

《书·大禹谟》："舜懋禹德，曰'汝惟不矜，天下莫与汝争能；汝惟不伐，天下莫与汝争功'。"《老子》二十二章云"不自见（无我见）故明，不自是故彰，不自伐故有功，不自矜故长"，"夫唯不争，故天下莫能与之争"；六十六章亦云"以其不争，故天下莫能与之争"。

禹曰"惠迪吉从逆凶，惟影响"，此《老子》十六章"知常曰明，不知常，妄作凶"，七十九章"天道无亲，常与善人"，七十三章"天网恢恢，疏而不失"之本。

孟子曰"禹疏九河，瀹济、漯而注诸海，决汝、汉，排淮、泗<sup>①</sup>

---

① 泗，原作"漯"。

而注之江”，八年于外，“三过其门而不入”（《滕文上》）。又曰“禹思天下有溺者，由己溺之也”（《离娄下》）。孔子曰“禹，尽力乎沟洫”（《论语·泰伯》），慈矣。禹“菲饮食”，“恶衣服”，“卑宫室”（同上），俭矣。《老子》六十七章云：“我有三宝，持而保之，一曰慈，二曰俭，三曰不敢为天下先。慈，故能勇。俭，故能广。不敢为天下先，故能成器长。”“不敢为天下先”，即是不矜不伐不争，故能成大器，为天下长。

《淮南子·精神训》“禹方济江，黄龙负舟，舟中人五色无主，禹乃熙笑而称曰‘我命于天，竭力而劳万民。生，寄也；死，归也’，龙乃逃去”。《吕氏春秋·知分篇》曰禹“达乎生死之分”。《文子·符言篇》亦有“老子曰：生所假也，死所归也”之文。

（4）文王。

《诗·大雅·皇矣篇》“帝谓文王，予怀明德，不大声以色”，“不识不知，顺帝之则”，“无然畔援，无然歆羡，诞先登于岸”，此《老子》云“俗人昭昭，我独昏昏，俗人察察，我独闷闷”“众人皆有以，而我独顽似鄙”（二十章），“无知无欲”（三章），“不失其所者久，死而不亡者寿”（三十三章）之本，道在冥契真常，不起虚妄分别也。

（5）管子书。

管子之书，大都传其学者缀辑，《心术》《白心》《内业》诸篇，皆道家言。如“道不远而难极也，与人并处而难得也”，与《老子》三十四章云“大道泛兮，其可左右”，四十七章云“不出户，知天下，不窥牖，见天道”，十四章云“视之不见名曰夷，听之不闻名曰希，搏之不得名曰微"，义并同。曰"心安，是国安也；心治，是国治也"，与三十七章云"无①欲以静，天下将自正②"，五十七章云"我好静而民自正"，义同。"日极则仄，月满则亏"，义与九章云"持而盈之，不如其已"，十五章云"保此道者不欲盈"同。"执一之君子，执一而不失，能君万物"，义与二十二章云"圣人抱一为天下式"同。"必知不言无为之事，然后知道之纪"，义与四十三章云"不言之教，无为之益，天下希及之"同。"恬愉无为，去知与故""动则失位，静乃自得"等等，与五千言神理，在在符合，当是道家流传旧典，老子所谓"执古之道以御今之有"者也。而篇名《心术》《白心》，与释氏所谓"万法唯心"同；《内业》取义，又与内明、内典同。见道透彻，能摄无尽道德于一心，犹胜老、庄一筹，惟陈义总不及佛法妙满耳。

老子为周守藏室史，所见极博，故书多称古，发挥真常妙道，舍《释典》外，无能加乎其上者。

# （五）老学之流别

约为分叙、总结二说。

分叙真归有二：拔生死根，明因果律。

一、拔生死根。

众生本无凡圣，同具死而不亡之寿，而生死所以不了者，知与欲为厉阶也，故"常使民无知无欲"（三章），拔除生死根本。无

---

① 无，原作"不"。
② 正，原作"定"。

知者，无世俗幻妄之知，即是无痴；无欲者，无贪爱，无贪爱即摄无瞋。释氏谓贪、瞋、痴为三毒，义较精析，此亦可通。惜乎凡愚无真知，"大患有身"（十三章），以不能外身，通道为一，故满腹知见，驰求声色货利，而贪欲无厌时，遇有碍于贪者，则瞋恚杀害心生，人貌而虎狼饿鬼行，因业感报，"千变万化，未始有极""忽然为人，化为异物"（贾谊《鵩鸟赋》），殊可哀也。本无生死，因知多故，而欲从之，生死宛然。苟能无知无欲，居尘出尘，则得无生法忍，生时可享大年，死后定得无量寿矣。综此流别，孔、墨、庄三。

（1）孔子。

孔子娴世间法，出世妙理薄弱，然曾受学于老，亦知神识不灭。《易·系传上》曰："原始反终，故知死生之说，精气为物，游魂为变，是故知鬼神之情状。"原始反终，了知死不二也；精气为物，就胎生卵生众言；游魂为变，就湿生化生众言；鬼神情状，就众生中阴身言；原始反终，轮回宛然。顾何以入轮回，何以出轮回，未能详宣，是其短也。《说苑·辨物篇》子贡问"死人有知无知"，孔子曰："吾欲言死者有知，恐孝子顺孙[①]，妨生以送死也。欲言无知，恐不孝子孙，弃亲不葬也。赐欲知死人有知无知也，死徐自知之。"语涉圆滑。若依内典胜义说，则言有知，恐落常见，言无知，恐落断见，故以非常非断示之。《论语·先进篇》季路问事鬼神，子曰："未能事人，焉能事鬼？"敢问死，曰："未知生，焉知死？"言未能尽性以尽人道，妄求鬼神呵护，鬼神不

---

① 孙，原作"生"。

许也。现生之命，即前生之报。未死之因，即死后之果。《里仁篇》云："朝闻道，夕死可矣。"人生唯有一死，设死而不得其正，悔无及矣，奈何？是其为道必起乎生死之外，有死而不亡者存。试问道相奚若，文不明言，是其短也。今为说明：世间凡夫，贵为天子，富有天下，难免分段生死，生死便无了时，苦矣！欲无死，须无生，道果奚若，无知无欲是已。孔子知之，故"无意无必，无固无我"(《子罕篇》，文从《史记》)，"无思无为，寂然不动"(《易·系上》)。"无意"者，无恒审思量也；"无必"者，无妄起分别也(《说文》"必，分极也")；"无固"者，无我执法执也；"无我"者，无人我法我也。"无思无为，寂然不动"，则"致虚极，守静笃"(《老子》十六章)。无知无欲，契无生矣，无生自无死矣。

（2）墨子。

墨子具出世之妙理，现入世之胜行，其道不怒优于儒。惜儒者识浅，不足以知深，嫉之掊之，而墨道衰，可慨也！《墨经》上云"平，知无欲恶也"，言世人知多，欲恶荡胸，失其正定，昧于平等真心，故致梦多，生死难了；惟真人而后有真知(《庄子·大宗师》)，能向无爱憎处荐取本来，则平等性智现前，外缘无从动于中，无知无欲，无生死矣。故《大取篇》曰"死生利若，一无择也"，言果利天下，死生无择，以人有死而不亡者存，"死生无变于己"(《庄子·齐物论》)，"外其身而身存"(《老子》七章)，能忘其粗色身，施舍之以利天下，而其净妙身自在。所谓神武不杀也。孔子曰："无求生以害仁，有杀身以成仁。"(《卫灵》)耶稣曰"只能杀身体不能杀灵魂者勿惧"，义同。

（3）庄子。

庄子特于五浊恶世，现出世清净身，欲率天下共出尘缠之苦，与老子同一妙行。《大宗师篇》曰："古之真人，不知悦生，不知恶死。""以死生为一条"（《德充符》），是真能无知者也。《则阳篇》曰："卤莽其性者，欲恶之孽为性萑苇，始萌以扶吾形，寻擢吾性，并溃漏发，不择所出，癃疽疥痈，内热溲膏是也。"言欲恶之戕性甚矣。《逍遥游篇》曰"至人无己"，故庄子"外于心知"（《人间世》），而"游心乎德之和"（《德充符》），信能"与天地精神往来，与外死生无终始者为友"（《天下》），诚老子之同调也。

二、明因果律，又二：

世间因果。《太平御览》四百五十九《说苑》引《老子》曰："人为善者，天报以福；人为不善者，天报以祸。"本经十六章云："知常曰明，不知常，妄作凶。"言真常之道，湛寂光明，无不吉利；若茫无所知，逐妄造作，是犹沉水入火，自取灭亡（《阴符经》）也。七十三章云"天网恢恢，疏而不失"，明因果律严，使人不敢不止恶修善也。

出世因果。《老子》曰"致虚极，守静笃"，则实际理地，不受一尘。"归根曰静，静曰复命，复命曰常"，归根复命，则体露真常，心光空明矣。"知常容，容乃公，公乃王，王乃天，天乃道，道乃久，没身不殆"，真常道妙，量等虚空；具真知者，心包太虚，无所不容；至公无我，天下无不归往；德如天无私覆，是其为道，终古不变，寿光无量，明贞日月矣。自来传薪火者，亦惟孔子、墨子、庄子而已。

（1）孔子。

世间因果。《易·坤文言》曰："积善之家，必有余庆；积不善之家，必有余殃。"《系下》曰："善不积，不足以成名；恶不积，不足以灭身。小人以小善为无益而不为也，以小恶为无伤而弗去也。故恶积而不可掩，罪大而不可解。"《易》曰"何校灭耳，凶"，明"天网恢恢，疏而不失"也。

出世因果。《易·乾文言》曰："夫大人者，与天地合其德，与日月合其明，与四时合其序，与鬼神合其吉①凶。先天而天弗违，后天而奉天时。"是"致虚极，守静笃"，证真常之大验，明圣人与天道，无异致也。

（2）墨子。

世间因果。《法仪篇》曰："爱人利人者，天必福之；恶人贼人者，天必祸之。昔之圣王禹、汤、文、武，兼爱天下之百姓，其利人多，故天福之，立为天子，天下诸侯皆宾事之。是天道无亲，常与善人也。暴王桀、纣、幽、厉，兼恶天下之百姓，其贼人多，故天祸之，使遂失其国家，身死为僇于天下，后世子孙毁之，至今不息。"是"天网恢恢，疏而不失"也。

出世因果。《尚贤中篇》曰："圣人之德，照于天下，若天之高，若地之普。……若山之承，不坼不崩。若日之光，若月之明，与天地同常。"言圣人之德，章明博大埴固以修久，总乎天地，亦"致虚极，守静笃"，明显真常之妙用也。

（3）庄子。

---

① 吉，原文缺。

世间因果。《齐物论》曰："为善无近名，为恶无近刑。"《庚桑楚》曰："为不善乎显明之中者，人得而诛①之。为不善乎幽间之中者，鬼得而诛之。明乎人，明乎鬼者，然后能独行。"明"天网恢恢，疏而不失"也。

出世因果。庄子以《大宗师》诠表真常之道曰："未有天地，自古以固存。神鬼神帝，生天生地，在六极之上②而不为高，在六极之下而不为深，先天地生而不为久，长于上古而不为老……维斗得之终古不忒，日月得之终古不息。……黄帝得之以登云天，颛顼得之以处玄宫。……莫知其始，莫知其终。"隐显一寂静无为也。《天道篇》曰："夫虚静恬淡寂寞无为者，万物之本也。以此处上，帝王天子③之德也。以此处下，玄圣素王之道也。……静而圣，动而王。无为也而尊，朴素而天下莫能与之争美。……故曰其动也天，其静也地。一心定而王天下，万物服。"圣人涵育无尽众生于一心而永其寿，岂惟一己没身不殆而已哉！

总结二。

一、总孔、墨、庄结论。

上二要旨，一切教义政理莫能外。外之则伪道伪德，假仁假义遍天下，天下大乱矣。孔子得之，为世间素王，传曾子一贯，传子夏五至三无（《小戴记》孔子闲居），学不厌，教不倦，门下士称其贤于尧舜（《孟子·公孙丑上》），讵不信欤！墨子得之，为即世出世大

---

① 诛，原作"殊"。
② "六极之上"，原文如此，通行本做"太极之先"。
③ 子，原作"下"。

圣人，即释氏之菩萨摩诃萨，了知"无"不必待"有"，"有"不可以去"无"。《吕氏春秋·疑似篇》云："墨子见岐道而哭之。"《大取篇》曰："天下人能空尽天下人相，为一无我之我，明俱一之唯是，故有道相教，有力相劳，有财相分。"遍南北学者宗之，种种科学，亦极昌明，有裨世道大矣。奈何末世众生不堪任，惜哉！庄子得之，独往独来，独标出世高风，空尽群实，"入无穷之门，游无极之野"（《在宥》），"清静为天下正"（《老子》），"不以好恶内伤其身"（《德充符》），俾各安其性命之正，以长生。（《缮性篇》云："丧己于物失性于俗者，谓之倒置之民。"《骈拇篇》云："决性命之情而饕富贵。"）故不屑以治天下惑其心，其德甚真（《应帝王》）。乃儒者囿于一孔之天，不知推崇，且排斥之，误甚。孔子、墨子、庄子，皆承老学之正传，体一而用异：庄子为根本智，以平等舍心胜；孔子为后得智，以慈悲心胜；墨子勇于救世，为根本后得双融智，以平等深心无量慈悲胜。三者互相成，不相碍也。

二、总老、庄、孔、墨结论。

道穷要妙，老子开先，孔、墨继武，庄子殿最。老子清静无为，抱一为天下式。孔子由礼道贯于一，蔚为儒宗。墨子，鲁人，频之楚，得其慈俭，兼爱节用，异而俱于之一。庄子生长之乡，邻近老子，道通为一，天地一指，万物一马，游于物初，能弘无用之用。老子出世之雄，一切有为悉属无为，游于无名之始，逍遥之至者也。孔子本无为以入世，一切有为皆不住无为之无为，游于天下之动而贞天一，于不逍遥得逍遥者也。墨子以出世之玄鉴，成入世之妙行，即无为现有为，凡有为皆无为，游于无穷之兼，务普逍遥于不逍遥者也。庄子独与天地精神往来，而不敖倪于万物，比肩老子，游于无何有之乡，常逍遥于无尽逍遥中者也。皆务理其性命之情而利于贞，以清静天下，使无不游于逍遥之天，固殊途而同归。逍遥云者，自由平等之极致，非离形去智，无我无人，无欲无恶，无由而至者也。道、儒、墨皆以内圣上德，而外为帝王。道、墨亮节高蹈，且薄帝王而不为，道优于儒矣。要之三家鼎峙，不可偏废，偏废则偏重，偏重则道不全，为教为政，光彩不发皇矣。老子为继往圣，开来学，承先启后之一人。呜呼，世间长夜，佛法慧日空明，老子秋空清凉月也！

## 附论：韩非子

韩非子《解老》《喻老》，可资研寻，不可谓其真知老也，彼以俗事说胜义，不了无为妙理故。《史记·韩非列传》太史公以非刑名法术之学，本于黄、老，又言其极惨礉少恩，皆原于道德之意，谬甚。道家尚无为，奚容淫法，况极惨礉少恩乎？太史公殊不知道，韩非顺应时宜，意主学法为治法，成立后举国遵守《有度篇》曰"不游意于法之外，不为惠于法之内，动无非法"，义本《管子》，具见法治精神足以济道德之穷，未可非也；而蔑视仁义，罪不可恕。主张君主独裁，务以诡谲伎俩制伏臣下，乌足与言治道？韩非世俗知多，故为《说难》，其死于秦不得自脱者，如《爱臣篇》曰"臣擅行令则主失制"。《二柄篇》曰："人主者，以刑、德制臣者也。今君人者，释其刑、德而使臣用之，则君反制于臣矣。"《扬权篇》曰："主上不神（神者，隐而莫测其所由者也），下将有因；主失其神，虎随其后。主施其法，大虎将怯；主施其刑，大虎自宁。"《孤愤篇》曰："主上卑而大臣重，故主失势而臣得国。"《奸劫弑臣篇》曰，擅主之臣"为奸利，以弊①人主"。《人主篇》曰："威势者，人主之筋力也。今大臣得威，左右擅势，是人主失力。人主失力而能有国者，千无一人。"是皆反乎？真常无为，最招李斯之忌者也，故斯害之，使人遗药杀之，实非自取咎也。非之学本于荀卿，绝无出世理想，与黄、老背驰，仁义为老子所不道，非一市井之杰，并不知有仁义，识更劣于荀卿，不足入于孔子之门，安能攀附老子？不清不虚，乌足以解老、喻老？宜屏诸老子门外也。

---

① 弊，原作"蔽"。

# 老子通释上

# 一章

道可道，非常道。名可名，非常名。无名，天地之始。有名，万物之母。故常无欲以观其妙，常有欲以观其徼。此两者同，出而异名，同谓之玄，玄之又玄，众妙之门。（司马光、王安石以有、无断句。）

老子以道体真常，如如不动，随缘赴感，无不周遍。托于秋毫之末，而大宇宙之总，不可思议，不可名言。恐人执著名相，不能会通而害道，故将立言，先破执著，曰"道可道，非常道，名可名，非常名"。释氏所谓"语言道断"，义同。然不得不以观照般若，用文字般若，显实相般若，曰"无名天地之始，有名万物之母"。以道大无外，其小无内，量等虚空。当未有天地之始，一无所有，何有于名？乃因缘假合，忽而有天，尚无天名，又忽而有地，尚无地名。然不得不对此一大积气，内外无际者，就其在颠，强名为天。义已择一而漏万矣。又不得不对此一大块土，厚载山岳河海者，强名为地。以一元□①分，轻清属阳者为天，重浊属阴者为地，万物所陈列也。又以土为阴，阴数二，土以厚重

---

① 底本此字不清，疑为"初"字。

为德，能吐生万物也。万物似由有名之天地生，实非由有名之天地生，而由未有天地之始，无可为名之道假天地以生。故以无名之道，为天地之始，以有名之天地，为万物之母。

"故常无欲以观其妙，常有欲以观其徼"，两"欲"字属上读或属下读，均嫌赘，直是衍文，删去，则义畅适，文亦整炼。"无"者，凡夫肉眼不能见之妙有，周遍法界，无始无终，真空法性也。"有"者，依真妄现一切境界也。"无"为"有"之总体，"有"乃"无"之别相。"无"为"有"之精神，"有"乃"无"之糟魄。文虽"有""无"对待，义实"无"重于"有"。观其"无名"先于"有名"，"无名"领域亦大于"有名"，显见"有名"不能诠表此常。故当"常"之"无"时，全能见其微妙谛理；及当"常"之现而为"有"时，仅能见其眇小边际。微尘以内，决无无"无"之"有"；三千大千世界以外，尚有无量无边无有之"无"。从知"无"可以无"有"而自"无"，"有"不可以无"无"而自"有"。《墨子·经下》云："可无也，有之而不可去，说在常然。"得其旨矣。故认得"无"真，自认得"常"真。此"无""有"二义，即《大乘起信论》"心真如门，心生灭门，心即是常也"。

抑知老子言道，颇与法相宗同。法相宗妙谛，以剖析名相始，使人了知本体；尤以遣除名相终，使人亲证本体。此章在在因名遣名，见得此道之"名"以及天地万物有无异同等等之"名"，均非"常名"，于是恒无变易相续不断的真"常"，便显而易见矣。其善破偏有偏空之执著，而立非有非无之法性中道，宛然"色即是空，空即是色"，可谓妙极。谛观此章，又极似三论宗。两"非常"字，所以形容一个"常"字，"非常"便是断，显然"无名"是"常"，"有名"是断，有无相生，具见不常不断义。"常无"即是不生灭，"常有"即是生灭，生灭必始终于不生灭，即妙即徼，深观非二，具足不生不灭义。

"此两者同，出而异名，同谓之玄，玄之又玄，众妙之门"，同即是一，异即是多，多从一出，一一必具同相异相，又见不一不异义。众妙出于一玄，既出必复入，既入必复出，则有门等于无门，又即不来不去义。此知五千言，即是此土甚深微妙的佛法，此全书之总纲也。

# 二章

　　天下皆知美之为美，斯恶已；皆知善之为善，斯不善也。

　　胜义空中，本无美恶、善与不善等分别。以真美不美，有美即非真美；至善无善，有善即非至善故。世众未闻此义，而有美恶、善与不善之差异，去真谛甚远，美不为美，善不为善矣。虽然，设皆知美而不以为美，皆知善而不以为善，摄俗入真，即是世俗真如胜义，"善能分别诸法相，于第一义而不动"也（《维摩诘经》）。

　　故有无相生，难易相成，长短相形，高下相倾，音声相和，前后相随。

　　一切有形无形，有情无情，因缘假合以相生，遂有一切。远离真际，对待无实，如难易、长短、高下、音声、前后等等，假名纷陈矣。于是一切有为之事相、言教遍天下，而生民追逐声色，相生相成，相形相倾，无常之幻妄，甚多甚多，不堪名状矣。

　　是以圣人处无为之事，行不言之教。

　　是以圣人灵知不昧，性相寂然，实际理地不受一尘。本无造作，而含德用广大渊微，现身清静，显无言之至言。示众真常，明可道之非道。

万物作焉而不辞，生而不有，为而不恃。

住于无为，而无不为。万行门中，不舍一法。生育万物，以厚民生，而无生成之心。使斯民皆如尧、舜之民，皆以尧、舜之心为心，耕田而食，凿井而饮，鼓腹而歌，曰"帝力于我何有哉"？

功成而弗居，夫唯弗居，是以不去。

如大禹治水功成，不自满假，不矜不伐。舜懋其德曰："汝惟不矜，天下莫与汝争能；汝惟不伐，天下莫与汝争功。"是以功高万世，不自居功。吾国称禹域也。

# 三章

不尚贤，使民不争。

不尚失德假仁义盗虚声之贤，使民心清虚与世无争也。亦不尚"偈偈乎揭仁义若击鼓而求亡子"之贤，以其乱人之性，乖乎纯素之真也（本《庄子·天道》）。夫民有常性，万物群生，同乎无知，其德不离；同乎无欲，是谓素朴，素朴而民性得矣。及至圣人，蹩躠为仁，踶跂为义，澶①漫为乐，摘僻为礼，而道德残废（本《庄子·马蹄》）。民心不臧于其德矣（本《庄子·骈拇》）。夫民性同具至德，无贤无不贤。无贤可尚，尚已。若以有贤可尚而尚贤，则视不贤者罪矣，放民之争心矣。故不尚贤，使民不争。此本平等深心，兼以正别，冥契法界体性之真常也。罗振玉云，敦煌本作"不上宝"。纯一案：此文本作不尚贤，与下文相并为义。作"不上宝"与下文合协，亦通，究非老子本意，姑且为解。妙有非有，一著于有，便与道隔矣。世人愚痴，为宝所迷，从而上之，贪缘增上，以此生死不了，至可哀怜。真人不尔，于无漏界，得大自在，且使民心清净解脱，泯争端也。

---

① 澶，原作"壇"。

不贵难得之货，使民不为盗。

难得之货，令人行妨，贪污心动，不必穿窬，盗贼盈朝野矣。圣人贱之，使斯民皆知身多于货，大己而小天下，则闾阎风清，夜可不闭户矣。

不见可欲，使民心不乱。

见性之人，内不见身心，外不见人物，有何可欲之妄见？环顾斯民，不知色声香味触法亦为贼媒，自劫家宝。病在见有可欲，致心纷乱昏动，念念生死，无静止时，殊堪愍恻。故唯全体圣心，不见可欲，能使民心不乱。

是以圣人之治，虚其心，实其腹，弱其志，强其骨。

圣人知天下之本在国，国之本在家，家之本在身。道之真以治身，其绪余以治国家，其土苴以治天下。故欲治天下国家，先以真道治身。虚其心者，心等虚空，一无所有也。实其腹者，养气功深，所以续慧命也。弱其志者，恒顺众生，寓刚于柔，不敢为天下先也。强其骨者，风节凛然，决不同乎流俗、合乎污世也。

常使民无知无欲，使夫智者不敢为也，为无为，则无不治。

广成子语黄帝"至道"曰："无视无听，抱神以静。慎女内，闭女外。多知多败。"（《庄子·在宥篇》）即此秘旨。护根葆真，心气一如，可长生也。桀、纣敢为，凡敢为者，不必桀、纣，皆桀、纣也。尧、舜不敢为，凡不敢为者，不必尧、舜，皆尧、舜也。敢为则恣肆造罪而速死，不敢为则恬恢发光而寿世。智者明于自治，自不敢

为，况奉教于圣人，则为无为必矣。为无为，则唯一真元太和翔
洽，理无碍，事无碍，理事无碍，事事无碍，无不治矣。

# 四章

　　道冲而用之或不盈，渊兮似万物之宗。挫其锐，解其纷，和其光，同其尘，湛兮似或存。

　　道体至虚，无量无边，而用之或不能满其量。甚深微妙，不可形容，万物资始，实为大宗。为应群机，言其仿佛。如金刚无坚不摧，如洪炉无纷不解。和清光而增辉，同污尘而不染。妙湛不动，本自无生，亦未尝灭，而生灭宛然，恍兮忽兮，似乎或存。

　　吾不知谁之子，象帝之先。

　　芸芸之众，出一玄门，吾不知其为何缘生。无象之象，固该无终于无始，先天地已生成。

# 五章

天地不仁，以万物为刍狗。圣人不仁，以百姓为刍狗。天地之间，其犹橐籥乎。虚而不屈，动而愈出。多言数穷，不如守中。

《庄子·天运篇》："夫刍狗之未陈也，盛以箧衍，巾以文绣，尸祝斋戒以将之。及其已陈也，行者践其首脊，苏者取而爨之而已。"刍狗是结草为狗，古者巫祝治病祷神用之。喻人生死不了，幻生幻灭，如刍狗然。天地生之育之，圣人养之教之，不能保其长生而不死，且有以促其生而速其死。《阴符经》曰"天地，万物之盗"，是"天地不仁，以万物为刍狗"也。圣人多知，又教百姓多知，知愈多而念念生灭，形成刍狗之数愈多，是圣人以百姓为刍狗也，出生入死，永无止期。又如橐籥(风箱，喻天地)，中虚愈动(喻众生生因)，而出入之数愈多，求其无知无欲，了证无生，不受后有之身不可能矣，哀哉！

此示生灭门中众生生死轮回之理，义未详尽。大都以多知多欲入轮回，以无知无欲出轮回。究竟了义当从佛法求之。此道玄妙难以言诠，自非大觉旷照，孰能夷有无一道俗？故以小智言道，愈多言愈害道，如言生则不生穷，言灭则不灭穷，言常则不常穷，言断则不断穷，言一则不一穷，言异则不异穷，言来则不来穷，言去则不去穷，故曰"多言数穷，不如守中"。中者，不生不灭，不常不断，不一不异，不来不去也。释氏龙树菩萨，著《中论》，泯二际，除众生迷执也。月称菩萨恐众生难解，著《入中论》为初阶，无缘大悲，均无量也。

# 六章

谷神不死，是谓玄牝。玄牝之门，是谓天地根。绵绵若存，用之不勤。

谷者，虚空之象，旷若寂静也。神不可见，盖无形而为形形之所以形，统天真元也。未有天地自古以固存，乃至天地毁灭，究竟坚固不少变，本自不死。玄者，幽远微妙义；牝者，万物所由出生也。即假立谷神之异名。玄牝为众妙之门，刻雕众形不为巧，物不得遁而皆存，即是天地根。终无为也，与物为春，而不知其极。可得而不可见，非凡迷之常，非愚执之无常，而无相之实相，相续不绝之真常也。不可谓有，不可谓无，似无存非不存，故曰"绵绵若存"。"用之不勤"者，勿庸劳力，从容中道，造次必于是，颠沛必于是，无间断时。是不动地菩萨无功用行，证得无生法忍，故能长生。绵绵若存，明本不死；用之不勤，亦可不死；用之若勤，则死矣。

道家以丹田为气海，丹田即谷神、玄牝、天地根之异名，绵绵存养，吐故纳新，渐断诸漏，而得诸通，乃至宇宙在手，万化生身，忘己济物，同古真人，邻于释氏，究未若也。释子发心等同法王，住胜义空，兼修悲智，由无间道一旦漏尽入解脱道，析理邃密，玄妙固无上矣。

# 七章

天长地久。天地所以能长久者，以其不自
生，故能长生。

天地不能长久，特较万物长久，对无真知凡夫，可言长久
耳。"天地所以能长久者，以其不自生，故能长生"，有生则有死，生
即不能长，欲不死须不生，能不生故长生。上文言不死，此文言
不死之故，在能不生。自生即私，私必速死，天地无私，故能长
生。释氏言"万法本无生"，更微妙，老子其庶几乎！

是以圣人后其身而身先，外其身而身存。非
以其无私耶，故能成其私。

宜后宜外之身是粗色身，形也，必死者也；能先能存之身是
净妙身，真心也，本来不死者也。凡夫心为形役，则本不死者随
必死者而流转，是重其必死者而轻其不死者，傎已！圣人真心不
为形役，而形任心运，故恒后其必死之身，而不死之妙身为先
导矣。必死之身本非我有，由外天下外物外生而外之，则不死之
妙身，清静冲虚，至天地废坠而常存矣。如是逍遥以游乎无穷之
先，而成性存于无终之自在，可谓能成其私矣。视其所以，非以
具无我见之私耶？然则世之欲成其私者，舍无私，乌乎能？

# 八章

上善若水，水善利万物而不争，处众人之所恶，故几于道。

上德不德，善莫如水。水发育万物以资始，潜滋万物以遂生，润泽万物以壮天地活泼之观。本性柔和，不与物争胜负；任运安置，不与物争方圆。自体清净，能净物染，不为物染，亦不与物争净争染。众人所恶者，卑下垢污懦弱，水恒处之而不辞，几乎与道无异。其于物也，无不内充，无不外护，万物得之则活，失之则死也。

居善地，心善渊，与善仁，言善信，正善治，事善能，动善时。夫唯不争，故无尤。

"居善地"，《墨子·经说下》所谓"处下善于处上"是也。"心善渊"，潜藏寂默，深不可识也。"与善仁"，普遍施济，如天无恩也。"言善信"，不言之言，信及豚鱼也。"正善治"，止一清静，无乱不平也。"事善能"，应物变化，事事无碍也。"动善时"，动本无为，适应机宜也。要皆由圣人无常心，后其身，外其身，与世无争而致。夫唯不争，故无咎无悔。

# 九章

持而盈之，不如其已。揣而锐之，不可长保。

盈，满也。满则溢，善保持之，则满而不溢。然虽不溢，已满矣。虽善持，已不可长保，危身之祸，已伏于目睫矣。孰若慎终于始，虚而不满，无待矜持，战战兢兢之为愈耶！故曰"持而盈之，不如其已"。《管子·白心篇》曰："持而满之，乃其殆也。名满于天下，不若其已也。"日极则仄，月满则亏，极之徒仄，满之徒亏，巨之徒灭，孰能已无己乎？效夫天地之纪。锐，尖利也。揣，孙诒让云"与'捶'声转字通"。案，孙说是也。"揣而锐之"，使不锐者锐也。《墨子·亲士篇》云"铦者必先挫"，《庄子·天下篇》曰"锐则挫矣"，是其义。

金玉满堂，莫之能守。

《墨子·经说下》云："室堂，所存也。其子，存者也。主室堂而问存者，孰存也？"言所存之室堂存，而存室堂之主亡。人命无常，虽金玉满堂莫之能守，身与货孰多耶？耶稣曰："富有天下而丧生命，何益？"义同。

富贵而骄，自遗其咎。

孔子传曾子《孝经》有曰："高而不危，所以长守贵也。满而不溢，所以长守富也。"其承老子之传者，视墨子为粗，出世思想薄弱故。后儒风格多不超卓，不惜决性命之情而饕富贵故。功遂身退，天之道。

郑商弦高犒秦师以救郑，楚臣申包胥泣秦廷以存楚，皆功遂而身退。范蠡佐越灭吴而游五湖，张良佐汉灭秦而辟谷，皆符天不言恩之至教。知富贵无常，人命无常，不足恋也。

# 十章

载营魄，抱一，能无离乎？

载，始也。"载营魄"者，"游魂为变"（《易·系上》）。众生投胎之始，平等业感，如电交驰，"不疾而速，不行而至"（《易·系上》）。由先有身，托中有身，受后有身，经之营之，三生而实一也。一者真恕也。本自无生，妄生多知，大患有身，生死不了。圣人愍焉，"使民无知无欲"（三章），"复归于无物"（十四章），则万虑息，一心虚矣。"执一而不失，日月同光，天地同理矣。"（《管子·心术下》）故圣人抱一为天下式。

专气致柔，能婴儿乎？涤除玄览，能无疵乎？爱民治国，能无为乎？天门辟阖，能无雌乎？明白四达，能无知乎？

知抱一矣，犹待切行；既顿悟，必渐修也。专一心气，塞聪闭明，缘督①为经，脉结适利，息周顶踵，体肤柔和，心之所至，气亦至焉。于是"灵台有持，而不知其所持"（《庄子·庚桑楚》），行不知所之，居不知所为，心无分别，无异婴儿，心气一如，通玄览

---

① 督，原作"智"。

矣。然不涤除亦一疵颣，所知为障。无相实相，不得圆成。故必涤除玄览，法执始空，不为病也。身为国本，身既治矣，然成己而不成物，性德犹未弘也。必博爱斯民，使皆无知无欲，则国可治。盖爱民治国之道，不容以我法私见妄自造作也。天门即众妙之门，或闭或阖，众妙所由出入也。雌者坤元，顺承统天之乾元，资生万物者也。喻治国者当奉天宣化，天视自我民视，天听自我民听，以百姓心为心，一动一静，务使兆民无不康乐而永其寿，而我不有焉，顺应统天之一元耳。由是万物无不发育，斯民无不遂生，一一复其真常之性。此其要妙，道在治国者后身外身，天眼天耳明白四达，毫无污世不清不虚之知见自蔽真心而已。

生之畜之。生而不有，为而不恃，长而不宰，是谓玄德。

之，指万物人民。道生之，德畜之，凡以正民德、厚民生也。"生而不有，为而不恃"，见前二章。"长而不宰"，为万民长，长养万民，恒顺众生，不自作主。一本不言至教，无为神化，举世一心而天下平，"是谓玄德，同乎大顺"（《庄子·天地》，本六十五章）。玄德者，微妙无上、渊深莫测之德也。

# 十一章

　　三十辐共一毂，当其无，有车之用。埏埴以为器，当其无，有器之用。凿户牖以为室，当其无，有室之用。故有之以为利，无之以为用。

　　毂间空虚，则轻便利转。《考工记》云："利转者，以无有为用也。"碗中不空，则无碗用；室中不空，则无室用。空之妙用无穷，有则质碍不可入矣。故"有"为"无"假设之便利，"无"为"有"真实之运用。

# 十二章

五色令人目盲，五音令人耳聋，五味令人口爽，驰骋田猎令人心发狂，难得之货令人行妨。

眼耳舌识，本自清净，色声味尘，劫之昏乱。驰骋田猎，逞贪肆杀，令妙明心现颠倒行，非发狂乎？象有齿以焚身，匹夫无罪，怀璧其罪，身不贵于金玉乎？已有货财，且宜弃舍，以全性真。况乎未有难得之货，奚用贪污？是故圣人不贵难得之货，使民不为盗，可以保身永年也。凡愚昧焉，决性命之情而饕富贵，于是盗贼盈朝野，举国无净行矣。《阴符经》曰"万物，人之盗"，可发深省。

是以圣人为腹不为目，故去彼取此。

为腹者，真体内充也。不为目者，不为幻影眩惑也。去彼取此者，背尘合觉，大己而小天下也。

# 十三章

　　宠辱若惊，大患有身。(旧"大"上衍"贵"字，"有"讹"若"，义不可通，今校订。)何谓宠辱若惊？宠为上，辱为下，得之若惊，失之若惊，是谓宠辱若惊。何谓大患有身？吾所以有大患者，为吾有身。及吾无身，吾有何患？故贵以身为天下，则可寄天下。爱以身为天下，则可托天下。

　　难得之货，莫如富贵。世人贪求，狂心难歇。得之惊为荣宠，失之惊为耻辱，患得患失，皆有身为大患也。设知自心真常，本无生死，身非我有，我亦本无，何身之可患？何宠辱之可惊？天下与我，本一大身，我无身患，自无宠辱得失之患。而天下之有身为患者无限，即宠辱得失日夜数惊者无限，即是天下之大患，即是我身之大患。故贵以我之身，为天下公有之身，真心不二故。爱天下即爱吾身，爱吾身即不得不兼爱天下人之身，尽除天下幻有之身患，即尽除天下惊宠惊辱、惊得惊失之大患，而吾身始真无患。如是始可以寄天下于吾一身，由是尽天下人之身，皆可为天下人托命之身。呜呼，有身之为天下患者大矣！孰知无身则无患，且使天下皆无身患。

# 十四章

视之不见名曰夷，听之不闻名曰希，搏之不
得名曰微，此三者不可致诘，故混而为一。

视之不见，目非不明，以无色故。一切平等，故名曰夷。听
之不闻，耳非失聪，以无声故。似无非无，故名曰希。搏之不得，手
失握用，以无形故。妙有非有，故名曰微。虽然，学者若能一切
皆不见，是为见谛最正见。若能反闻闻自性，自觉寂音闻六合。若
识甚深微妙法，当能尽得无所得。三者该理万，万用而体一，"方
便有多门，归元无二路"（《法华经》）也。

其上不皦，其下不昧，绳绳兮不可名，复归
于无物。是谓无状之状，无物之象。是谓恍惚，迎
之不见其首，随之不见其后。

在上不昭昭，在下不昏昏，绳绳同绵绵，相续不绝义。终而
复始，体同虚空，无可立名。实相无相，非空非有，其大无外，无
头无尾。

执古之道以御今之有，能知古始，是谓道纪。

依止太初金刚道，以御今世之繁变，万变不离其宗，能知古
始。"执一而不失，能君万物"（《管子·心术下》），是谓道纪。

# 十五章

古之善为士者，微妙玄通，深不可识。夫唯不可识，故强为之容。

《说文》："士，从一从十。孔子曰：'惟十合一为士。'"《玉篇》云："传曰通古今辩，然不谓之士。"士固深造于道而有得者，君子也。君子盛德若愚，"采真之游"（《庄子·天运》），与俗无忤，众人固不识也。"夫唯不可识，故强为之容"，容，"颂"之今字。《文选·魏都赋》张载注引《老子》此文，"容"作"颂"，颂谓颂其德，容谓勉为形容，亦通。

豫焉若冬涉川，犹兮若畏四邻。俨兮其若客，涣兮若冰之将释。敦兮其若朴，旷兮其若谷，浑兮其若浊。

犹、豫二兽，进退多疑，故人多疑谓之犹豫。"豫焉""犹兮"，喻迟迟不轻举也。"若冬涉川"，喻敬慎无妄也。"若畏四邻"，喻必慎其独，如十目所视，十手所指也。"俨兮其若客"，如宾嘉会，威仪逮逮也。"涣兮若冰之将释"，喻如春风解冻，阳和广被也。"敦兮其若朴"，厚重质实，无华饰也。"旷兮其若谷"，虚怀谦下，广大能容也。"浑兮其若浊"，性行和易，谐俗同尘，不敢清明立异也。

　　**孰能浊以静之徐清。**

　　举世皆浊，孰能知止而定，定而至静，心境澄彻，从容中道，复于清静。

　　**孰能安以动之徐**（"徐"当作"无"）**生。**

　　"徐"字义不可通，疑本作"无"，承上而误，世无解人，沿伪至今。若作"徐生"，生则必死，岂不冤煞老子。言或绝世缘而习静，非真能静者也。唯能知止而定，息心无为，安于所止。居尘出尘，如如不动。不动而动，动无生相，斯为得之。

　　**保此道者不欲盈。夫唯**[①]**不盈，故能蔽不新成。**

　　保此无生之道者，最忌我慢。不欲盈，不自满也。唯不自满，故韬光养和，不与浊世竞无常不净之声华，始能圆成，故有实性也。天下真实之妙理无新成者，凡新成者皆有为法，如梦如幻，种生死苦因而已，故不新成。

---

① 唯，原作"为"。

# 十六章

致虚极，守静笃，万物并作，吾以观其复。夫物芸芸，各复归其根。归根曰静，静曰复命，复命曰常。

虚即是空。致虚即"为道日损"，损之又损，损之至于无可损以至于无为，则"致虚极"。空尽群实，而真空不空，真现量现前矣。此由守静至笃，湛寂无动而致。于时心境俱空，了知万物与我为一，本皆无也。而万法缘生，竞陈万象，世间虚妄，何堪实执？观其终始，复归无物。既由不生灭而生灭，生灭无常，必复归于不生灭。离言绝相，唯以空慧观照得之。夫万物芸芸，一一同出于一根，必一一复归其根。因动而出，动极知妄，止妄须静，静同于根，知归宿矣。万物之寿夭假名曰命，动则夭，静则寿。根无生死，能不妄动，是谓复命。物不归根，决不能静。静以复命，则不生不灭，唯一真心，虽天地废坠而自如，可谓常矣。

知常曰明，不知常，妄作凶。

常者，周遍真心之一假名，非有之妙有也。凡夫以无常为常，固不知常。愚者执一切无常，不知有非无常者。非一切无常，亦不知常。唯圣人了证真空不空，知有本极清静之真常。土芥王侯，等视众生，兴无缘慈，起同体悲，心住无为，断恒沙惑，开敷净眼，寂照无夜，可谓明矣。不知常者，蝇营魏阙，狗苟市廛，恣己贪行，肆害他命，不解福乐，即是祸殃。无知妄作，自取灭亡，凶矣。

知常容，容乃公，公乃王，王乃天，天乃道，道乃久，没身不殆。

圣人真知，心体真常，包裹太虚，广大无边，万象森罗，无物不容。至公无私，天地人而一之，王德具矣。王德既具，譬如天地之无不持载，无不覆帱，譬如四时之错行，如日月之代明，万物并育而不相害，道并行而不相悖。恒住无为，裂有为之漏网；顺应无生，登无死之春台。其为道也，健行不息，悠久无疆，浩浩其天，没身不殆。

# 十七章

太上，下不知有之。（日本刊苏辙注、吴澄注合本校文有"不"字。）其次，亲之誉之。其次，畏之。其次，侮之。信不足，有不信，犹其贵言，功成事遂，百姓皆谓我自然。

太上无为，上德不德，德普被下于无形，故下不知上之有德也。其次有为不失德，政尚仁义，是为下德。下知上之有德，故亲之誉之。其次无德，假仁假义，以刑威之，故下畏之。其次悖德，并不知有仁义，习尚虚伪巧言，刑亦不足以威之，民不畏死，故侮之。德薄位尊，不足见信于民，故下无信之者。乃在上不自知其无德，不足以化下，犹且贵言，教令文章，词工浮伪，且自诩为功成事遂矣。而百姓侧目，皆谓功之所以成，事之所以遂者，我之自为尔，岂如上之所言哉，无乃贪天之功乎。

# 十八章

大道废，有仁义。智慧出，有大伪。

太初大道，弥纶民所，人皆朴素，无为生厚。无庸煦煦为仁，孑孑为义也。自失道而有德，失德而有仁，失仁而有义，失义而有礼，污世智慧朋兴矣。智慧者，巧饰欺诈之渊源也。故曰大道废有仁义，智慧出有大伪。《庄子·天地篇》云："至德之世，不尚贤，不使能，上如标枝（无居上心），民如野鹿（无所畏惧）。端正而不知以为义，相爱而不知以为仁。"《马蹄篇》云："道德不废，安取仁义？""夫残朴以为器，工匠之罪也。毁道德以为仁义，圣人之过也。""至德之世，其行填填，其视颠颠。""同与禽兽居，族与万物并，恶乎知君子小人哉？同乎无知，其德不离；同乎无欲，是谓素朴。素朴而民性得矣。""及至圣人蹩躠为仁，踶跂为义，而天下始疑矣。"于是上以智慧督下，下以智慧报上，与接为构，日以心斗，尔诈我虞，其伪大矣。故曰以智治国，国之贼；不以智治国，国之福（六十五章）。

六亲不和有孝慈①，国家昏乱有忠臣。

---

① 慈，原作"子"。

六亲，父母伯叔兄弟也。六亲和睦，孝行不著。是以虞舜俞闻于瞽瞍，申生恭命于骊姬也。成玄英疏："至治之时，忠诚不见；昏乱之世，贞节斯彰。"是以龙逢名芳于夏桀，比干誉美于殷纣也。

# 十九章

　　绝圣弃智，民利百倍。绝仁弃义，民复孝
慈。绝巧弃利，盗贼无有。此三者以为文不足，故
令有所属，见素抱朴，少私寡欲。

　　《韩非子·诡使篇》云："圣智成群，造言作辞①。"《庄子·
在宥篇》云："绝圣弃智，天下大治。"盖乱世之于窃国者，欺世
盗名者，皆圣智也，皆使民流离失所，大不利者也。倘圣知绝迹
于天下，天下将不乱于德，不悖于理，反于清虚恬静，各安其性
命之正矣。故曰"绝圣弃智，民利百倍"。

　　仁义本治世治国之粗具，而乱世之仁义，经乱世之圣智造作
之，尽失其真。"说仁邪，是乱于德也。说义邪，是悖于理也。"
(《庄子·在宥》)皆所以欺天下之市招也。仁义本孝慈而扩张，仁义
之交接于人世者，既已乖方，则孝慈之因应于家庭者，未必中
绳。化道不淳，习皆非而成是也。设此伪仁伪义，一旦泯灭，将
孝慈之流露于天性者，即可复其初。故曰"绝仁弃义，民复孝慈"。

　　五十七章云："民多利器，国家滋昏。人多伎巧，奇物滋起。"

---

　　① 辞，原作"乱"。

以伎巧利器金玉之属，皆难得之货，令人眩惑，心生觊觎者也。自来对境寂然，心无贪染者几人？《礼·乐记》云："夫物之感人无穷，而人之好恶无节，则是物至而人化物也。人化物也者，灭天理而穷人欲矣。于是有悖逆诈伪之心，有淫泆作乱之事，是故强者胁弱，众者暴寡，智者诈愚，勇者苦怯。"举世皆盗贼矣。故欲盗贼无有，莫如绝巧弃利也。

圣智、仁义、巧利三者，以为文教法令，不足以治天下，不足以欺天下。故在上者，当知治国在有真道治身，令诸所属，莫不见素抱朴，少私寡欲，建立无为之基。为无为则无不治也。此老子所以破世俗之伪，使人融真入俗，即俗全真也。

# 二十章

绝学无忧。

学者，政教礼乐文物制度之属，增进世智辩聪，远离无为妙理，令人汩没性灵、促短慧命者也。求得学者，情欲日炽，文饰日工，逐境迷心，娱乐是期，不解娱乐即是坏苦。圣人愍焉，蒿目忧之，学者不悟，苦苦现前，无可逃避，悔无及矣。《庄子·缮性篇》曰："缮性于俗学，以求复其初。滑欲于俗思，以求致其明。谓之蔽蒙之民。附之以文，益之以博，文灭质，博弱心，然后民始惑乱，无以反其性情而复其初。古之所谓得志者，非轩冕之谓也。谓无以益其乐（性具万德，乐无量故）而已矣。今之所谓得志者，轩冕之谓也。轩冕在身，非性命也。物之傥①来，寄也。寄之其来不可圉，其去不可止。故不为轩冕肆志，不为穷约趋俗。其乐彼与此同，故无忧而已矣。今寄去则不乐。由是观之，虽乐未尝不荒也。故曰丧己于物，失性于俗者，谓之倒置之民。"唯真人真乐内足，至常无忧，不待外求。俗学求乐，适以积忧，故曰"绝学无忧"。

---

① 傥，原作"倘"。

唯之与阿，相去几何？善之与恶，相去几何？

唯，正应声。阿，瞻徇声。直与曲异，而为善解人意同，相去无几何也。"善之与恶，相去几何?"自来注者不解其义，训善为美，改"几"为"若"，未免厚诬老子，今校正以复其旧。善与恶就世俗浅人言，绝对相反。讵知有即善是恶者，如后儒推崇孔子为至圣，尚仁义，善矣。不知老子曰："仁义，先王之蘧庐，止可以一宿，而不可以久处。古之至人，假道于仁，托宿于义，以游逍遥之墟。逍遥，无为也。谓是采真之游。"(《庄子·天道》)仁义不能合乎天地不言之大美(《庄子·知北游》)，天地有大美而不言，则恶矣。至有乱德之仁，悖理之义(《庄子·在宥》)，恶更甚矣。孔子救鲁，子贡一出，存鲁，乱齐，破吴，强晋，而霸越(《史记·仲尼弟子列传》)。救鲁则善，灭吴则恶，大圣大贤，害人利己，无异常人，善乎恶乎？孟子言性善，荀子言性恶，皆不知性之真谛而浪言。后儒盲从孟子以为善，于是阻止后世学者终不知性之真，恶孰大焉？庄子曰："与其誉尧而非桀也，不如两忘而化其道。"(《大宗师》)明誉善非恶，皆世俗之见，不如善恶两忘，而化于一真为愈也。盖尧、桀之善恶，俗儒以为相去甚远，而尧、桀为善为恶之真性，真人知其不二也。况桀之为恶，身死为僇于天下，至今毁之不已，即示后世不可为恶之善教乎？俗谛有善恶，真谛无善恶，故曰"善之与恶，相去几何"。此唯老、庄、孔、墨及精研佛学者知之。孟子以下学者，抵死无由闻知者也。万仞宫墙，蔽其明（目精）也。

更如韩退之自以性有上中下三品，昭示后人，是善。不知性无三品，贻误后人，是恶。退之能读墨子，谓孔、墨相为用，是善。不知孟子非墨兼爱，即是非孝，即是孔、墨不能相容，害道之至，是恶。又谓孟子醇乎其醇，是善。不知孟子不了兼以正别之义，所谓万物皆备于我者为何，即谓万物皆备于我，又谓犬之性非牛之性，牛之性非人之性，自相矛盾。立言自相矛盾，见道不圆可证，乌能领导后人？谓之大醇而小疵可也，谓为醇乎其醇，足见退之无识，致令后人不知袪妄求真，是恶。退之能文，不知道其雄于文，是善。而《原道》一文，攻击佛老，不知老子之道，高于孔子，上齐黄帝、尧、舜，佛法甚深无上，更精微广大于老。以素无研寻，坐井观天之陋见，并杨、墨而辟之，贻误后人，不求性道之大全而失其真，罪莫大焉，谓非恶乎？卒之学劣于湘臾，词穷于颠僧，竟不知悔，为文忏罪以赎前愆，是则纯恶，无善可言。而世皆不知其非，亦足征善之与恶，相去无几矣。

人之所畏，不可不畏。荒兮，其未央哉。

善之与恶，胜义无有，而世谛宛然。积善致祥，积恶致殃，理有固然也。五十九章云："重积德则无不克。"七十三章云："天之所恶，孰知其故，圣人犹难之。天之道，不争而善胜，不言而善应，不召而自来，绰然而善谋。天网恢恢，疏而不失。"因业感报，如影随形。故《中庸》云："道也者，不可须臾离也。可离，非道也。是故君子戒慎乎其所不睹，恐惧乎其所不闻，莫见乎隐，莫显乎微，故君子必慎其独也。"一念恶因，该苦果海，出离无期，甚可畏也。故曰"人之所畏，不可不畏"。荒者，广远无边际也。未央者，悠久无尽时也。《管子·内业篇》曰："道满天下，普在民所。"《心术上》曰："天之道，虚其无形，虚则不屈。"屈，竭也。不屈，义与未央同。天道横遍八荒，竖穷三世，鬼神盛德，体物不遗（《中庸》）。秘藏自心，（《管子·内业篇》云："凡物之精，此则为生，下生五谷，上为列星。流于天地之间，谓之鬼神。藏于胸中，谓之圣人。"）幸勿放逸。"惧以终始，其要无咎"（《易·系下》）。

众人熙熙，如享太牢，如登春台。

熙熙，纵情欲也。《列子·杨朱篇》："熙熙以俟死。"《释文》："众人沉沦生死，不知可畏，熙笑自娱也。"享，亨、亯同。牛羊豕三牲具，谓之太牢。"如享太牢，如登春台"，纵欲无度，乐而忘忧也。

我独泊兮其未兆，如婴儿之未孩，儽儽兮若无所归。

泊，"怕"同。《说文》："怕，无为也。"言我心极恬静淡泊，不起分别，如未解笑之婴儿，无所感觉然，喻心境俱泯也。儽儽，伫立不动貌。喻厌离世情，无动于中，又非倦游思归者比。以冲虚真心，周遍大千，本无来去，采真之游，无在而不逍遥。故曰"儽儽兮若无所归"。

众人皆有余，而我独若遗。我愚人之心也哉，沌沌兮。

众人皆有所积，引业令满。我独外身，一切遣除，若遗世而独立。我之宅心浑浑沌沌，与世俗之圣智异，甚愚芚也。

俗人昭昭，我独昏昏。俗人察察，我独闷

闷。淡兮其若海，飂兮若无止。

生灭之聪明，愈大愈苦。不生灭之愚芚，胜于生灭之聪明，其乐无量。淡，恬静也。若海，量弘无涯也。飂，《说文》"高风也"。若无止，动亦无形，无著无系，逍遥游于无何有之乡也。永明寿禅师云："风性本不动，以缘起故动。"倘风本性动，宁有静时哉？密室中若有风，风何不动？若无风，遇缘即起。非特风为然，一切法皆然。此缘起无生之旨也，可以玩索"若无止"之意。有僧问招贤禅师曰："如何转得山河国土归自己？"师曰："谁问山河转，山河转向谁。圆通无两畔，法性本无归。"可神会。

众人皆有以，而我独顽似鄙。我独异于人，而贵求食于母。

众人皆有作为以速死，我独冥顽无所作为以长生，似甚鄙陋也。我独异于众人者，所贵异，所求异也。食，养也。眼以睡为食。母，河上公注"道也"。众人所贵者，色声香味触尘，乃至权位货利，求以为口体之养，适以戕性而已。我所贵者，真常之道，惟求精进于道，养性以长生，舍此无他求也。若一涉于"有"，即是贪著，与道背矣。故我独异于人。

# 二十一章

孔德之容，惟道是从。道之为物，惟恍惟惚。惚兮恍兮，其中有象。恍兮惚兮，其中有物。

大德之人，无所不容，在在合道，一而不二也。恍惚，与"仿佛"同，言道不可视听，体物不遗。实相无相，显陈万象也。

窈兮冥兮，其中有精。其精甚真，其中有信。

渺茫之中，备具精灵。真实不虚，万验无差。

自古及今，其名不去，以阅众甫。吾何以知众甫之状哉，以此。

阅，览也。甫、父通，始也。道虽无形，宇宙万有，资始于此。澄心玄览，于本无名，假立道名，孰能须臾离而去之？孰知众甫之状，即道之状。众甫无状，皆一道无状之状。吾何以知之？以深不可识之道而知之。

# 二十二章

曲则全，枉则直，洼则盈，敝则新，少则得，多
则惑，是以圣人抱一为天下式。

曲之为德，成全万物而不遗。盖湛寂性体，无德不备者也。无
枉无直，无洼无盈，无敝无新，摄至多于至少，而为万有所从出，唯
一绝对之真元也。姑分述其义相，曲则全者，《庄子·天下篇》
曰："人皆求福，己独曲全，曰苟免于咎。"以祸伏于福，故不求
福，只求无过，惟曲屈而后能全性保真也。枉则直者，四十五章
云："大直若屈。"枉、屈义同，明大直之至理，寓于不必势直之
枉曲也。洼则盈者，虚斯能受，无所不受，设盈则一物不能容也。敝
则新者，万物成住坏空，无或停时，即新即敝，不敝不新也。《管
子·正篇》曰："万物崇一。"崇古通宗，言万物宗于一，一为万
物之大宗，故纷驰于万有则惑，"守一而弃万苟"(《管子·内业》)则
得。《淮南子·原道训》曰："一之理施四海，一之解际天地。得
一之道，以少正多。"故圣人抱一为天下式，式，法也。

不自见，故明。不自是，故彰。不自伐，故
有功。不自矜，故长。夫唯不争，故天下莫能与

之争。

自见者，我见滋惑也。自是者，我执昭尤也。自伐者，我贪罪著也。自矜者，我慢短露也。不争者，平等心舍，无自见、自是、自伐、自矜之动念也。天下莫能与①之争者，万善毕归，足令天下争心自息也。

古之所谓曲则全者，岂虚言哉！诚全而归之。

曲则不自见，不自是，不伐不矜，与世无争，其德全矣。道积于厥躬，成己成物，摄万有归一心，十方世界现一全身，是无不归之真归。古之所谓曲则全者，岂虚言哉！

———————————————

① 与，原文缺。

# 二十三章

希言自然。

十四章云："听之不闻名曰希。"希者，似无非无也。希言者，不言之言也。《论语》曰："天何言哉！四时行焉，百物生焉，天何言哉！"(《阳货》)是犹"高山流水是广长舌，翠竹黄花无非般若"之旨。《维摩经·不二法门品》文殊以无言显无言，维摩不以言不以不言，默然收前言语，诚妙谛也。自然，印度有此外道。此当作"法尔无生"解。赵州问南泉如何是道，泉曰："道不属知，不属不知，知是妄觉，不知是无记，若真达不疑之道，犹如太虚，廓然浩荡，岂可强言邪？"

故飘风不终朝，骤雨不终日，孰为此者？天地。天地尚不能久，而况于人乎！

道本无生，有生则有灭。万法无常，故贵无为，"与无终始者为友"(《庄子·天下》)。《四十二章经》云"观天地，念非常"，况飘风骤雨乎？"斯人生命，在呼吸间"(同上)，可以悟矣。

故从事于道者(旧衍"道者"二字，据《淮南·道应训》删)同于道。德者同于德(得同)。失者同于失。同

于道者，道亦乐得之。同于德者，德亦乐得之。同
于失者，失亦乐得之。信不足，有不信。

专从事于道者，知自心具足万德，与道不二，特患心不一于道耳。苟能心境俱泯，即与道同。不知心与道一，惟道是求，而得道（即德）或多或少者，其得福乐之多少如其量。至不求道，而失道或多或少者，其失福乐之多少亦如其量。道也者，无道之至乐（《礼·孔子闲居》）。寂音闻六合。"内和外顺"（《礼·乐记》），得失由人。故同于道者道乐与同，同于德者德乐与同，同于失者失乐与同。生者自以得其生，死者自以得其死，祸福无不自己求之者（《孟子·公孙丑上》）。《管子·白心篇》曰："道者，小取焉则小得福，大取焉则大得福，尽行之而天下服，殊无取焉，则民反其身不免于贼。"义同。无如众人识浅，罔闻道妙。背觉含蕴，不起正信。或有信者，信不真切，等于不信。无知妄作，自取灭亡（《阴符经》），可哀愍也。《华严经》曰："信为道之功德母。"旨哉！

# 二十四章

企者不立，跨者不行。自见者不明，自是者
不彰，自伐者无功，自矜者不长。

企，《说文》"举踵也"。妄图进取，时不能久，终无所以自
立也。跨，《说文》"渡也"。仗他物暂渡者，不能终生安行也。观
于飘风骤雨，可资深省。当从脚踏实地，确能安身立命，不假外
力，来去自在处用功也。"自见者不明"四句，与二十二章文反
谊同，解已见前。《书·说命中》曰："有其善丧厥善，矜其能
丧厥功。"明德不进，而功难成也。

其在道，曰余食赘行，物或恶之。故有道者
不处。

自见、自是、自伐、自矜，于道为唾弃之食，赘疣之行，招人
恶嫌。具真知者耻之。

# 二十五章

有物混成，先天地生。寂兮寥兮，独立而不改，周行而不殆，可以为天下母。吾不知其名，字之曰道，强为之名曰大。

有物混成，释典所谓法界体性无分别也。先天地生，《庄子·大宗师篇》所谓"未有天地，自古以固存也"。寂，妙湛不动也。寥，广廓无边也。独立，绝诸对待，无可比拟也。不改，天地毁灭，终如故也。"周行不殆"，总乎宇宙，健行不息也。"可以为天下母"，万物皆资生焉而不匮也。"不知其名"，不可思议，不可得而名也。"字之曰道"，一切行动，莫能外也。"强为之名曰大"，其大无外，本不可名状也。《庄子·知北游篇》曰："道不可闻，闻而非也。道不可见，见而非也。道不可言，言而非也。知形形之不形乎，道不当名。"名从世俗假立也。

"有物"二字，文过简略，未若释典言"真如"，言"法界"，或"一真法界""不思议界""如来界""无漏界""金刚界"等等，所以名实相无相者，意义美满也。

大曰逝，逝曰远，远曰反。

大无不容，周流无滞，无远弗届，"无往不复"（《易·泰》）。《淮南子·原道训》曰："神托于秋毫之末，而大宇宙之总。"言大在小中，即无小无大。《管子·心术上》曰："无所位迕，故遍流万物而不变。"言不逝而逝。又曰"道不远而难极也"，言远在近中，即无近无远。又《白心篇》曰"责其往来，莫知其时"，言本无往反。此时从俗谛言耳。

故道大，天大，地大，人亦大。（"人"旧讹"王"，陋儒妄改，今据下文并《说文》正。）域中有四大，而人居其一焉。

天大地大，不过大道中一弹丸耳。吾人之心，量包太虚，与道同大。涵育无尽天地，道且因人而益彰其大。故人在无边疆域中，虽并"道"与"天""地"为四大，实居四大中之首大。

人法地，地法天，天法道，道法自然。

地一大块土耳，人灵于地，何以法地？地无私载，顺承真常至道，发育万物，峻极于天，法天无私覆故。天以在颠得名，一大积气耳，然具法性，广大渊微，神妙莫测。本无而有为世谛，似有而无为真谛。假生假死为世谛，不生不死为真谛。天无自性，缘道为性，道亦假名，缘无生法，具足无漏功德假名自然者为性。自然者，"法尔无生"义，能生万法之宗法也。

"道法自然"句，未免头上安头，似非《老子》之旧，上文"道大"上无"自然"可证。疑此文原作"道本自然"，犹《庄子·大宗师》所谓"自本自根，未有天地自古以固存也"。后人见上文"法地""法天""法道"，改"本"为"法"，谬以千里矣。此文由法地、法天、法道，由实而虚，虚而至虚，可谓引人入胜矣。然究未免著相，未若佛法有空双遣精湛。

# 二十六章

重为轻根，静为躁君，是以圣人终日行不离
辎重。虽有荣观，燕处超然。

观树叶轻于枝，枝轻于干，干则重甚，故知重为轻根。一切
有为法，生灭无常，躁甚；而司有为法之命者，无为法，本甚静
也，故知静为躁君。圣人者，正知正见之人。辎重，载器物粮食
车也，常在军后，其重要等于三军之司命也。圣人无为，居众人
后，如辎重然，亦无不为。终日清静，无轻躁行，造次颠沛，必
不违仁，恒安居于性命之正而无或失，且有足以资益众生之慧
命，俾无后顾忧者。无以形容，几若行军不离辎重也。辎重，喻
一切众生所以能养生永命之真元也。圣人静观世间，习非成是，变
苦为甘，不胜哀愍。心超物表，虽有殊荣异宠之场，无动于中，安
宁自在也。

奈何万乘之主而以身轻天下。轻则失根，躁
则失君。

奈何德薄位尊，万乘之主，重视天下，据为己有，而轻身以
殉之邪！讵知古之真人，大己而小天下，能外天下外身以存身。于

是寄天下于一身，使天下人之身，皆不必为万乘之主，皆可以托天下。可谓知本，可使南面矣。盖厚重宅心，不舍本而逐末，镇静燕处，不骛外而忘身，了知"轻则失根，躁则失君"故。

# 二十七章

善行者无辙迹，善言者无瑕谪，善数者不用筹策，善闭者无关楗而不可开，善结者无绳约而不可解。（五"者"字从"景福本""广明本""傅奕本"增。）

车辙马迹，善行者无行相，故无辙迹。如天起云，忽有还无；如鸟飞空，当处消灭也。"善言者无瑕谪"，《诗·豳风·狼跋篇》"德音不瑕"，义同。无瑕，自无可谴谪也。筹策所以计数，善数者明了于心，不须也。拒门木，横曰关，竖曰楗。善闭者，清静为天下正，贼心尽息，无思不服，德门弘开，严于坚闭，何劳关楗？《说文》："绳，索也。""约，缠束也。"善结者，化普无为，心心相印，自他不二，分无可分，绳约奚为？

是以圣人常善救人，故无弃人；常善救物，故无弃物。是谓袭明。

一切含灵，妙明真心，与圣人同。圣人了知物我一如，破其执情，化除人相及众生相，一体真常，无凡不辅矣。释氏《圆觉经·普眼章》："性清净故，一身清静。一身清静故，多身清静。多身清静故，如是乃至十方众生圆觉清静。觉性遍满，清静不动，圆无际故。"是以圣人慈护众生。"常善救人,故无弃人;常善救物,故无弃物。是谓袭明。"袭明者,因一切众生,本具妙明真心。由圣人妙明真心感而通之,即无不明也。

故善人者,不善人之师。不善人者,善人之资。不贵其师,不爱其资,虽智大迷。是谓要妙。

人之善与不善俗谛异,而所以善与不善之真心同。既本真而有俗,当化俗以全真。善人能化不善人同归于善,则善人可贵,师道尊也。不善人既同化为善人,则不善人即善人可爱之资也。由是不善人日少,善人日多,善与不善互为师资,宜乎智者无不贵之,无不爱之。设不善人不贵其师,善人不爱其资,则我见甚深,虽智大迷。孰知无为之化,能除我执,善与不善,人与非人,一切平等,是谓"要妙"。

# 二十八章

　　知其雄，守其雌，为天下谿。为天下谿，常
德不离，复归于婴儿。

　　六十一章云："牝常以静胜牡，以静为下，大者宜为下。"牝，雌
也；牡，雄也。《尔雅·释水》李注："水出于山入于川曰谿。"
雌静于雄，故能胜雄，能使雄者甘屈而下就，犹水之出山入川为
谿然。是"处下善于处上"(《墨子·经说下》)，"上德若谷，以静胜
也"(四十一章)。故"知其雄，守其雌，为天下谿"。真常之德，"不
雄成"(《庄子·大宗师》)，恒雌伏，忘怀冲虚，为天下谿，体合为一，无
间隔矣。于是胸无爱憎，不辨是非，常处卑下，复归于婴儿，返
于性之初矣。

　　知其白，守其黑，为天下式。为天下式，常
德不忒，复归于无极。

　　白，明显也。黑，晦暗也。知白守黑，不自见也，是为玄德。举
天下之白黑，无不在此寂照中，而莫能远遁也，故可为天下法
式。以此全性葆真，常德不忒，"日用其德，渺渺乎如穷无极"(《管
子·内业》)，明见自性全体矣。

知其荣，守其辱，为天下谷。为天下谷，常德乃足，复归于朴。

二十六章云："虽有荣观，燕处超然。"以世荣非荣，不撄心也。四十一章云"大白若辱"。大白，显扬也。众人以为荣，有道者若受辱也。七十八章云："受国之垢，是谓社稷主。"明德量广廓，能任天下之重，故能受邦人不能受之辱也。以荣于己无加，辱于己无损。本无荣辱，假名荣辱。为破世人迷执，故"知其荣，守其辱，为天下谷"。为天下谷者，空无所有，能容众流也。能容众流，实无众流可容，并无能容所容之相，常德乃足。一切色象，无相可著，其守愈下，其德愈淳，密契真常，复归于朴。大德敦化，微妙玄通矣。此文知雄守雌、知白守黑、知荣守辱三项，读者当知非平列，是递进，由浅入深，层次井然。易顺鼎谓有后人窜入之语，马叙伦是其说，不可从。

朴散则为器，圣人用之则为官长。故大制不割。

朴者，纯素无文，大千世界所有万法，莫不归空也。然由一朴之总和，散而为万有。于乱世间，"建国设都，乃作后王君公，维辩使治天钧。"（《墨子·尚同中》）贵乎忘己，利济群生，"德总天地"（《墨子·尚贤中》），兼以正别（《墨子·兼爱下》），复归于朴。一切"以百姓心为心"（四十九章），一本无为而治，虽关大体，有所制作，而无割裂以伤民也。

# 二十九章

将欲取天下而为之，吾见其不得已。天下神器不可为也，为者败之，执者失之。

天下者，天下人之天下，孰能取而为之？将欲取天下而为之者，吾见其徒劳无功，自身既精疲力竭，不得自在，不能永年而保其无失。又启乱臣贼子篡逆之心，防不胜防，首领堪虞，终于不得已也。何也？天下神器，非有非无，不可以有为取也，不可取而自为之也。耳目遍寰宇，不容藏拙于无形。巧诈胜一时，安能契机于万事？既自苦以苦天下，至天下不胜其苦，怨声沸腾，而自身愈不堪其苦。卒不悟其所为之非计，而犹固执己见，尽失天下之人心，勉与天下周旋，至是"危如朝露，亡可翘足而待"矣（《史记·商君列传》）。故曰"为者败之，执者失之"，是以"圣人无为故无败，无执故无失"（六十四章）。

故物或行，或随；或呴，或吹；或强，或羸；或载，或隳。是以圣人去甚，去奢，去泰。

物指"天下人"言，人之性行不同，与世相接，情状万殊。或行而倡，或随而和；（《管子·白心篇》曰："人不倡不和，天不始不随。"）或呴而妪，或吹而嘘；或强而优，或赢而劣；或载而成，或隳而毁。圣人无为，因而裁之。去甚，去奢，去泰，勿令太过而已。总"以百姓心为心"（四十九章），"舍己而以物为法"（《管子·心术上》），在在因天下谋便利，无敢妄自造作伤物也。

# 三十章

**以道佐人主者，不以兵强天下，其事好还。**

以道佐人主者，本平等真心，自利利他，增进天下福乐，决不以劫夺残杀之罪恶，陷天下于兵刃之苦。况杀人之父，人亦杀其父；杀人之兄，人亦杀其兄（《孟子》）。其事好还，理至明也。夫差以兵败齐越，而身死吴亡。知伯以兵攻范赵，而身死地尽。秦吞六国而自灭绝，乌可以兵强天下邪？孟子曰："君不乡道，不志于仁，而求为之强战，是辅桀也。"（《告子下》）故以道佐人主者，不以兵强天下。

**师之所处，荆棘生焉。大军之后，必有凶年。**

师，行军之众也。其所居处，"芟刈其禾<sup>①</sup>稼，斩其树木，堕其城郭，攘杀其牲牷，刭杀其万民，覆其老弱，迁其重器。"（《墨子·非攻下》）都市为墟，荆棘丛生，田亩荒芜，无人耕稼，"五谷不收"，"岁凶民饥"（《墨子·七患》），大军之后必有之现象也。《文子·缵义》曰："天人一气，隐显相通，和气致祥，殄气致殃，未有不由人主者也。"

---

① 禾，原作"和"。

善者果而已，不敢以取强。果而勿矜，果而勿伐，果而勿骄，果而不得已，是果而勿强。

《左氏·宣二年传》"杀敌为果"。善守御者，杀敌自卫足已，不敢自豪，杜以兵强天下之渐也。且对上不敢矜，对他不敢伐，对下不敢骄，因杀敌已违乎宇宙万有一本之仁也。若矜若伐若骄，是乐杀人也。全性之真，本宜以德报怨。今杀敌以止杀（《司马法》"杀以止杀"），固出于不得已，非敢以取强，等于"不知常者妄作凶也"（十六章）。此墨子兼爱非攻，而严守备之秘旨。

物壮则老，是谓不道。不道早已。

万法无常，"日中则昃""月盈则亏"（《易·丰》《史记·蔡泽传》）。物不能有盛而无衰，既壮必老，非如无为道体，虽至天地废坠终古不变者比。十五章云"保此道者不欲盈"，教人祛妄反真同。

# 三十一章

夫佳兵者不祥之器，物或恶之，故有道者
不处。

王念孙云："佳，古'唯'字。"卢文弨云："佳者，以为嘉美而喜悦之也。佳兵之人，是天下之至不祥人也。"《墨子·非攻下》曰："师之兴也，久者数岁，速者数月。上不暇听治，士不暇治其官府，农夫不暇稼穑，妇人不暇纺绩织纴，则是国家失本而百姓易务也。"又与其散亡道路，饥寒疾病转死沟壑中者，不可胜计。"其不利于人，为天下之害厚矣。"故有道者，不用兵也。

君子居则贵左，用兵则贵右。兵者不祥之
器，非君子之器，不得已而用之。

用兵不贵左，明兵非君子所尚，贱之也，出于不得已也。

恬淡为上，胜而不美。而美之者，是乐杀
人。夫乐杀人者，不可以得志于天下。

君子心先清净，恬淡为上，岂乐杀人？故用兵虽胜亦恶。自古得志于天下者在德乐，杀人者亡无日矣。

吉事尚左，凶事尚右。偏将军居左，上将军

居右。言以丧礼处之。杀人之众，以悲哀泣之。战胜以丧礼处之。

天地有好生之德，顺之者吉，逆之者凶，理有固然也。天地之性，人为贵，兴师杀人之事，上将军视偏将军尤凶，故处以丧礼居右也。性德之真，人己不二，忍心杀众而战胜，得毋兴同体之悲，下同情之泪，视被杀之众，同骨肉之亲，处以丧礼，保全太和以存性乎。

# 三十二章

道常，无名，朴虽小，天下莫能臣。侯王若能守之，万物将自宾。

道之真常，玄妙莫测，不可名状。质朴无华，细极微尘，德总宇宙，固万有之大宗也。侯王若能"置常立仪"，"固其所守"（《管子·白心》），执一而不失，能君万物（同上，《心术下》）。

天地相合，以降甘露。民莫之令而自均，始制有名。名亦既有，天亦将知止。知止不殆。

天道下济而光明，地道卑而上行（《易·谦》），元气弥纶，涵濡万物，如甘露之饮人以和，无不周遍，无有等差，"普在民所"（《管子·内业》），应用无穷，至均平也。始制道名，俾众知归，不迷歧路，坦然安适，无障无碍，逍遥自在。

譬道之在天下，犹川谷与江海。

道在天下，润利万有，遍一切处，周流无滞，任人取用，无尽竭时。小取焉则小得福，大取焉则大得福，犹川谷与江海，无不随缘利济也。

# 三十三章

知人者智，自知者明。胜人者有力，自胜者
强。知足者富，强行者有志。

"知人者智"，《书·皋陶谟》曰："知人则哲，能官人也。"
有知人之智，尤贵能自知其短，斯心本明无所蔽也。力能胜人者
强，而力能自胜其妄，斯物莫能侮之，真强也。《史记·商君传》
"赵良曰:反听之谓聪,内视之谓明"，自胜之谓强，由此义也。"知
足者富"，《论语·子路篇》子谓卫公子荆善居室，"始有曰苟合
矣，少有曰苟完矣，富有曰苟美矣"。故知足者常足，心无物累，随
处解脱。孰知少积贫人知足之富，富于积赀万亿不知足之富人万
倍耶？知足者，无求不辱，常乐永年，子孙贤。不知足者反是。"强
行者有志"，《墨子·修身篇》曰"君子力事日强"，"志不强者
智不达"，故自强不息者，有志竟成。

不失其所者久，死而不亡者寿。

所，境也。《书·召诰》曰："王敬作所，不可不敬德。"明
无在不敬，可谓不失其所矣。目不妄视，则五色不足以盲目，而
不失明。耳不妄听，则五音不足以聋耳，而不失聪。口不妄言，则

怨恶不反于身，而心尤能饮人以和，终无失德。真常性体，周遍大千，万象森罗，遣分别相，山河大地，唯是一心。无所谓所，无所谓非所，无所无不所，亦无所所者，姑假名为所，斯真不失其所矣。功行日久，证心妙湛。本来无生，自无死地，未死名"有余涅槃"，死则名"无余涅槃"，即所谓"死而不亡者寿"也。

# 三十四章

　　大道泛兮，其可左右。万物恃之以生而不辞，功成不名有，衣被万物而不为主。故常无形（"形"旧作"欲"，义不可通，今校改），可名为小。万物归焉而不为主，可名为大。以其终不自为大，故能成其大。

大道周遍十方，未离吾人身边，万物皆资生焉而不匮。冥冥乎发育万物而无言，刻雕众形不居功，覆盖一切而无已。常无形相，可名为小。凡受陶成者，莫能越乎范围而自外，尽量包容，可名为大。以缘生本无生，终不自为大。无生万缘生，故能成其大。设自为大，则不大矣。

# 三十五章

执大象，天下往。往而不害，安平泰。乐与
饵，过客止。道之出口，淡乎其无味，视之不足
见，听之不足闻，用之不足既。

大道无象，无象之象，是为大象。本无可执，而假言执，执
者抱而无失，体与道合也。道在天下，犹之阳和广被万物，莫不
欣欣而向荣，故有道者，天下皆归往也。以归往之，有百利而无
一害，甚安宁，甚和平，甚舒泰也。悦耳之乐，充腹之饵，能止
过客，暂欢娱耳。逆旅人生，谁解归元之路？真常慧命，当敲入
圣之门，则无为大道，尚已。抑知美丽之花，无三日艳；清凉之
月，终万古明。道之出口，淡乎其无味，视之无五色不足见，听
之无五音不足闻。惟不足见，斯为至人无不见之至见；惟不足
闻，斯为至人无不闻之至闻。用以治身不足既，用以治心不足
既，用以治人不足既，用以治国不足既，用以治万世之天下不足
既。不足既者，无尽藏也。

# 三十六章

将欲歙之，必固张之。将欲弱之，必固强
之。将欲废之，必固兴之。将欲夺之，必固与之。是
谓微明。柔弱胜刚强。鱼不可脱于渊。邦之利
器，不可以示人。

《易·谦卦》云："天道亏盈而益谦，地道变盈而流谦。"义
与老子戒盈满同。此明张即歙之几，强即弱之几，兴即废之几，夺
即夺之几，是天道物理之常。教人沉虑几先，贵乎安常而戒盈
满。知微之显，是谓微明。《管子·白心篇》曰："日极则仄，月
满则亏。极之徒仄，满之徒亏，巨之徒灭，孰能已无已乎？效夫
天地之纪。"天地之纪，即道是。至柔至弱，能生无量之刚强，能
胜无量之刚强者也。柔弱者，无生无死之实相也。刚强者，生死
死生之现相也。自古至今，无有刚强能胜柔弱者，无一刚强不为
柔弱所胜者。故人不可不居于柔弱之道中，不可不体合柔弱之道
而为一。如鱼在渊，托于柔弱，虽刚强者，莫能胜之；一脱于无
为之深渊，则命立尽，人皆得而制之，等无有异也。此柔弱之道，即
治国平天下之要妙，器之最利者也。不可以自炫于人，自炫则失

其柔弱之妙用，国非其国，而生命亦难保矣。故《中庸》云："诗曰'衣锦尚纲'，恶其文之著也。君子之道，阖然而日章；小人之道，的然而日亡。君子之所不可及者，其唯人之所不见乎！"故曰"邦之利器，不可以示人"。所谓不可以示人者，无为玄旨看不见，说不出，大盗巨寇无能夺者也。故诸□①法有为造作，失真之仁，非朴之义，可举示于人禁非礼者，皆资盗利用不可以自守者也。

---

① 底本此字不清。

# 三十七章

道常无为而无不为。侯王若能守之，万物将自化。化而欲作，吾将镇之以无名之朴。无名之朴，亦将无欲。无欲以静，天下将自正。

道体湛寂不动，而随缘赴感，妙用无穷。侯王灵智，若能任持，能作一切胜妙境界，随众生根，自然相应种种而现无量功德。化机无滞，离于施作。若诸众生欲有所作，是破无漏为有漏，见从外来，循名而逐非实之妄也，吾将镇之以无名之朴。无名之朴，遍一切处。无知无欲，无相可得。心净无染，止诸昏动，天下无不安定，心止于一而正矣。《论语·颜渊篇》曰："克己复礼为仁，一日克己复礼，天下归仁焉。"私欲净尽，天理流行，而仁不可胜用也。

# 老子通释下

# 三十八章

上德不德，是以有德。下德不失德，是以无德。上德无为而无不为，下德为之而有不为。

上德同于德，不知其为德，其德无漏，是以有德。下德不能同于德，而求不失其德，其德有漏，是以无德。上德寂静湛然，动本无动，动动皆具恒沙诸净功德，故曰上德无为而无不为。下德据于德而为之，所为具有德相，即离实相，即不能无不为，故曰下德为之而有不为。

又作"上德无为而无以为，下德为之而有以为"解。上德体本无为，一切作为，皆无为之之心，等于无为，故曰上德无为而无以为。下德未能体合无为，而所为德，俱有为之之心，故曰下德为之而有以为。无以为是真谛，即上德。有以为是俗谛，即下德也。六十四章云"圣人无为故无败"，言不失真常也。二十九章云"为者败之"，言失其真常也。虽然，设有上德真人，融真入俗，即俗全真，则无尽有为，无非无为。六十三章所谓"为无为，事无事"，是其义。

上仁为之而无以为，上义为之而有以为。

"上仁"本至性流露，一切行相，非由勉强，故曰"上仁为之而无以为"。"上义"务适乎事理之宜，亦具有几许性分，而多非出于无漏之真心，究属有为，故曰"上义为之而有以为"。

上礼为之而莫之应，则攘臂而扔之。

礼，表卑己敬人之仪容也。《礼·乐记》云："礼者，殊事合敬者也。"应，谓也。攘臂，出臂拱手也。扔、仍同。礼上节文，"繁登降之礼以示仪，务趋翔之节以观众"（《墨子·非儒》）。有贵贱之等，敬慢之异，徒严外饰，而彼此真心不相应。更强行逊让，"愦愦然为世俗之礼，以观众人之耳目"，殊失"礼意"（《庄子·大宗师》），"是欺德也"（《应帝王》）。

故失道而后德，失德而后仁，失仁而后义，失义而后礼。夫礼者，忠信之薄而乱之首。前识者，道之华而愚之始。

无为之道失，而尚德；中道之德失，而尚仁；懋德之仁失，而尚义；辅仁之义失，而尚礼。夫礼，忠不足以尽己，信不足以任人。实质衰而真心隐，伪饰萌而衅端肇，故曰"礼者，忠信之薄而乱之首"。前识者，见微知著，理有固然。如斗伯比见莫敖趾高而必其败（《左·桓十三年传》），孟献子见郤锜不敬而知其亡（《左·成十三年传》）。皆世谛也。真谛如高僧"保志有预鉴之明"，"志言前知多验"，"义师事多先觉"，"如敏逆知未来"，俱见《高僧传》。此皆由致虚守静，体道合一而致。是心开敷之花，即"无知无欲""大智若愚"，不起分别之始兆也。

是以大丈夫处其厚不居其薄，处其实不居其

华，故去彼取此。

道厚而德薄，德厚而仁薄，仁厚而义薄，义厚而礼薄。每下愈况，是为顺生门。实者，物成熟之果也。华者，依枝叶生，所以结果者也。礼为义之花，义为仁之花，仁为德之花，德为道之花，道则散朴为华，结无量果之根本也。大丈夫心超世外，处其厚不居其薄，处其实不居其华，绝圣弃智，绝仁弃义，更无假于世俗之礼。去世俗无常之幻化，取出世真常之实际，是为还灭门。去彼取此，所谓背尘合觉，舍末归根也。

# 三十九章

　　昔之得一者：天得一以清，地得一以宁，神得一以灵，谷得一以盈，万物得一以生，侯王得一以为天下贞，其致之一也。天无以清将恐裂，地无以宁将恐发，神无以灵将恐歇，谷无以盈将恐竭，万物无以生将恐灭，侯王无以为天下贞将恐蹶。

　　一即道之别名。《管子·正篇》曰："万物崇一。"《白心篇》曰："一以无贰，是谓知道。"《庄子·大宗师篇》曰："未有天地，自古以固存。神鬼神帝，生天生地，鳌万物而不为义，泽及万世而不为仁，刻雕众形而不为巧。"与此言天得以清，地得以宁，神得以灵，谷得以盈，万物得以生，侯王得以为天下贞，义同。盖万有本于一道，非道皆不能自存也。裂，破也。发、废通《墨子·非命中》"发而为刑政"，上篇作"废"。歇，《说文》"息也"。竭，尽也，言谷尽失其用也。蹶，绝其类也。蹶，颠仆也。总明万有"得道者昌，失道者亡"也。

　　故贵以贱为本，高以下为基。是以侯王自称

孤、寡、不穀。此其以贱为本邪，非乎？

道为万有之基，遍至贱处，而至贵者当尊崇；遍居下处，而居上者必依止。建邦民为本，画卦初为基，其例也。侯王不敢肆志于上，故称孤、寡、不穀。《左·僖四年传》"岂不穀是为"，杜注："孤、寡、不穀，诸侯谦称，孤云孤独，寡云少德，不穀不善也。"明"卑以自牧"（《易·谦》），"处人之所恶"（四十二章），庶有善终也。此"贵以贱为本"之事实也。

故致誉无誉（从吴澄本），不欲琭琭如玉，而落

落如石（"而"字旧无，今校增）。

《墨子·修身篇》曰："名不可简而成也，誉不可巧而立也。名誉不可虚假，反之身者也。"《庄子·庚桑楚篇》曰："为之伪谓之失。"明邀誉无誉，义同。至人无己，安用声华？故不欲琭琭如玉，为世高贵以招损，甘处卑贱，落落如石以全真也。

# 四十章

反者道之动，弱者道之用。天下万物生于
有，有生于无。

妙道湛寂，如如不动，动则与道反矣。然动极必静，复归其根，无往不复，随缘终不变也。道体柔弱，应用无穷。其柔弱相，本实体现。其体充盈宇宙，周流无滞，"化贷万物，有莫举名"者也（《庄子·应帝王》）。天下万物，皆知有形缘有形而生，不知有形不能自生有形，必有无形者，为有形之主因，而后有形缘之以相生。故曰"天下万物生于有，有生于无"。所谓无者，非顽空也。乃大无外，小无内，普入无间之妙有，实为天下万有之大宗也，特凡夫肉眼不能见耳。

# 四十一章

上士闻道，勤而行之。中士闻道，若存若亡。下士闻道，大笑之。不笑，不足以为道。

上士心具真知，世习不深，尊闻道妙，精进修持，祛妄断惑，复本玄德，易相应也。中士真妄和合，各有力用，心含染净，闻道不专，出尘道存，逐尘道亡，于本常性，难常相应也。下士染缘甚深，蔽净德用，习非成是，昧本真心，偶闻至道，辄大笑之，笑其迂阔，不切事情。不知于事情最真切之至道，非迷执世缘者所能领略也。嗟乎，背真之俗，世争趋之！全真之俗，世久违之！故曰"不笑，不足以为道"。

故建言有之曰（"曰"字从傅奕本增）：明道若昧，进道若退，夷道若纇，上德若谷，大白若辱。

"建言"是古之立言者，有如下云。"明道若昧"，言妙明真道，不自彰显，照而常寂，非若俗人昭昭也。"进道若退"，言升进达道，成于沉潜恬退，胜义日益，惑业日减，而天下之穷真者，无如此精进也。"夷"，平也。"纇"，不平也。《左·昭二十八年传》"刑之颇纇"，服注："坦夷大道，不尽如砥之平，若不平也。""夷道若颣"，言上德若谷，言上德冲虚卑下，"旷兮其若谷也"（十五章）。"大白若辱"者，令闻广誉，自外傥来，未若"被褐怀玉""知我者希"为贵（七十章），以未能守黑故，黑者白之无可白也。二十八章："知其白，守其黑；知其荣，守其辱。"

广德若不足，建德若偷，质德若渝。

广德微妙玄通，无间道中，本无足时。"若不足"者，"上德不德"（三十八章）也。若足，德不广矣。建，立也。偷，薄也。立德之人，恒虑德之不厚而进德，故若偷也。"质德若渝"（德，旧作"真"），刘师培云，上文"广德若不足，建德若偷"，此与并文，疑"真"亦当作"德"，盖"德"字正文作"惪"，与"真"相似也。"质德"为质朴之德，与"渝"相反，三语乃并文也。案：刘说是，今从之。《说文》"渝，变污也"，德行质朴者，绝无华饰，内纯素而外若污也。

大方无隅，大器晚成，大音希声，大象无
形，道隐无名。夫唯道，善贷善成。

有隅之方，非大方。速成之器，非大器。声相闻者，音不大。形可睹者，象不大。故大方非方，大器不器，大音无音，大象无象。上十二事，皆大道隐于无名之例。凡可显名为道者，皆小视其道，失道之真者也。夫道生天生地，善贷万物，资始也；善成万物，资生也。功德无量，不可思议，浩浩乎，荡荡乎，终不可得而名也。

# 四十二章

道生一，一生二，二生三，三生万物。万物
负阴而抱阳，冲气以为和。

此文义不尽可通，道即是一，不应言"道生一"。应作"道
本一，一生二，二生万物"，于义已足。今作"道生一，一生二，二
生三，三生万物"，皆后人不知道之真者妄增也。一为太极，是
生两仪，即"一生二"也。两仪即天地，天地生万物，即"二生
三"也。《易》："乾哉乾元，万物资始，乃统天。至哉坤元，万
物资生，乃顺承天。"乾元坤元，非是二元，即此"一"也。或
统天而资始，或承天而资生，即此"一生二"也。万物资始，万
物资生，即此"二生万物"也。《说文·一》云："惟初大极，道
立于一。造分天地，化成万物。"均可证。下文"万物负阴而抱
阳"，亦足征万物由阴阳二仪而生也。《易·序卦传》"有天地然
后万物生焉"，盈天地之间者唯万物，是天地与万物之间，不容
有"三"，了无疑义。"万物负阴而抱阳，冲气以为和"，《易·
系下》曰"天地纲缊，万物化醇，男女构精，万物化生"，可为
说明。具物或损之而益，或益之而损，无尽生灭，本不生灭之精义。

人之所恶,唯孤、寡、不穀,而王公以为称,故物或损之而益,或益之而损。

孤、寡、不穀皆劣称,众所贱恶也,而王公自称之无敢亢。故《易·乾》曰"亢龙有悔"。《谦》曰"鬼神害盈而福谦,人道恶盈而好谦。谦,尊而光,卑而不可逾,君子之终也","鸣谦贞吉"。道在天下无不利者,谦下柔弱故。是以"圣人欲上人以其言下之"（六十六章）。故"物或损之而益,或益之而损"者,树木去繁枝而益高,人生厚滋味而损寿,其例也。《书·大禹谟》曰"满招损,谦受益,时乃天道",耶稣曰"凡自高者必降为卑,凡自卑者必升为高"（《马太》二十五章十二节）,义并同。

人之所教,我亦教之。强梁者,不得其死,吾将以为教父。

人所教我亦教,继往开来,学有渊源,教本宗师也。《书·说命下》曰:"学于古训乃有获,惟教学半,念终始典于学,厥德修罔觉。"七十八章云:"弱之胜强,柔之胜刚,天下莫不知,莫能行。"七十六章云:"人之生也柔弱,其死也坚强。""故坚强者死之徒,柔弱者生之徒。"足证强梁者不得其死,故持柔弱以为教所由生之本也。

# 四十三章

天下之至柔，驰骋天下之至坚。无有入无间，吾是以知无为之有益。

人生非金石，谁能长寿考。天下至坚者莫如金石，讵知金石置之目不可见之至柔、无有形象之太空中，岁月迁流，终归消灭。实则刹那刹那，未尝停住，为至柔所驰骋也。此至柔体，似乎无有，实则遍入宇宙万有而无间。万有因之而生死，不能逃而外之，而至柔体本无生，未尝造作也。一任万有之缘起，蓬蓬勃勃，而无为之之心，是以知无为之有益也。

不言之教，无为之益，天下希及之。

天下有言之教，皆有漏之因。有为之益，皆如幻之境。唯不言之教，斯如无声至乐，遍闻六合而不得其所以闻。无为之益，斯如无体至礼，协和万邦而不知其所以和。"天地䜣合，煦妪万物"（《礼·乐记》），天下安有能及之者？

# 四十四章

名与身孰亲，身与货孰多，得与亡孰病？是
故甚忧必大费，多藏必厚亡。

身非我有，本所当外，特非真人无此真知。而形骸粗具，较
名为亲，较货为多。《四十二章经》云："人随情欲而求声名，声
名显著，身已故矣。"是不知得名亡身之为病也。耶稣曰："人若
富有天下，而丧其生命，何益之有？"（《马太》十六章）是不知得货
亡身之为病也。爱名甚者甘以身殉，所费必大。藏货多者难以身
守，所亡必厚。卒之名与货不足以安身，且足以速身之死，其为
病可胜言哉！安得一真①穷惑尽之至人，能尽除斯人迷执颠倒
之病！

知足不辱，知止不殆，可以长久。

《史记·蔡泽传》，应侯曰："欲而不知止，失其所以欲；有
而不知足，失其所以有。"故不知得少为足者，杀身之辱随其后；知
安于所止者，陷身之阱环其身。世有欲享长生之寿，悠久于天地
者，当从知足知止、至恬恢中得之。

---

① 真，似有误。

# 四十五章

大成若缺，其用不敝。大盈若冲，其用不穷。

《中庸》曰："天地之大也，人犹有所憾。"《列子》曰："天地无全功，圣人无全能，万物无全用。"言道之所成就者至大，犹若有所缺欠。然任万有用之亿万年不弊坏也。体大无外，充盈宇宙，若无所有，等于虚空，而其运用之妙，永无穷尽。

大直若屈，大巧若拙，大辩若讷。

如矢之直，直矣不大。不直而直，斯为大直。理直而天下之事物莫不适其宜，不必势直而不屈也。机变之巧，不足以成大事。大巧质朴无华，万物受其甄陶。不必工于雕琢，若甚拙笨也。坚白之辩，虽可托小以包大，究未若"慧者心辩而不繁说"（《墨子·修身篇》）为辩之大。若天地不言，而品物咸亨，斯大辩也。

躁胜寒，静胜热，清静为天下正。

躁，动相也。久静生寒动能胜之，久动生热静能胜之，物理然也。动者，生灭相，苦空无常者也。静则不生不灭，性体清明，远离苦因，冥契不空之真常者也。故昏动不足以正天下，适以扰害天下，使天下无不热中而不易静。若自心清静，即足以息天下之昏动。天下不待教令，自无不正矣。

# 四十六章

天下有道，却走马以粪。天下无道，戎马生于郊。罪莫大于多欲（"多"诸本作"可"，从孙诒让校据《韩诗外传》改）。祸莫大于不知足，咎莫大于欲得。故知足之足常足矣。

天下有道，了知道不间于自他，自利以利他，利他以自利，"车轨不接于远方之外"（《文子·精诚篇》），"止马不以走，但以粪粪田也"（《淮南·览冥训》高注）。天下无道，唯知自利，不惜害他，夺地争城，戎马生于郊，杀人盈野，自他俱不利。道心尽失，不仁不义，无人不禽兽，无在不地狱矣。造罪肇祸之由，唯是多欲不知足。不知足故贪得，以贪得之微因，该巨海之苦果。此感彼应，天下尽受其害，故曰"罪莫大于多欲，祸莫大于不知足，咎莫大于欲得"。不知足者，求足于外，反昧其在己具足之性道，终感不足之苦。讵知以驹驰隙影之生，逞鲸吞无涯之欲，纵欲大遂，奈不生久何？嗟乎！不知足者，终无足时，假令知足，自无不足。刹那一念，足与不足，天地悬隔。足则福乐无穷，不足则苦恼无穷。夫唯真人，知自真心具足无量无边妙用，不外求足，本无不足，共诸天下，无不俱足，乃至天地废坠而常足。故"知足之足常足矣"。

# 四十七章

不出户，知天下。不窥牖，见天道。其出弥远，其知弥少。

《管子·内业篇》曰："道满天下，普在民所，民不能知也。"《心术上》曰："道不远而难极也，与人并处而难得也。"明大道周遍天下，远不可极，近盈户牖，故目击而道存，若舍近而远求，悖矣。此义未了，今引申之。尽十方世界，是自己真心所在，奚容歧视远近为二？唐时越州大珠慧海禅师，初参马祖，祖问：从何处来？曰：越州大云寺来。祖曰：来此拟须何事？曰：来求佛法。祖曰：我这里一物也无，求甚么佛法？自家宝藏不顾，抛家散走作么？曰：阿那个是慧海宝藏？祖曰：即今问我者是汝宝藏，一切具足，更无欠少，使用自在，何假外求？师于言下自识本心，不由知觉，踊跃礼谢。此文曰户曰牖，舍正言依。外而不内，距心远矣。兹为摄外入内，透明教宗也。

是以圣人不行而知，不见而名，不为而成。

道周身外，充符五内，"通于四极"（《管子·心术下》）。是以圣人静坐而知八荒之表，瞑目而明万法之真。《释名·释语言》

"名，明也"。无动而成天下之务，何以故？"凡心之刑（通"形"），自充自盈，自生自成。"（《管子·内业》）皆自心不思议业用故。

# 四十八章

为学日益，为道日损。损之又损，以至于无
为。无为而无不为。

为俗学者求新知，故日益。为真道者涤旧染，故日损。习气
难除，爱结难断，故损之又损。必损至于无可损，复还本性清静，烦
恼不能为染，以至无作无相，等于虚空，是名无为。于此解脱道
中，常住无为，起无漏为，能作难作，无尽作为，无著无缚，皆
属无为。故曰"无为而无不为"。证一切法，平等实性，都无所
得，现在前故。

故取天下常以无事。及其有事，不足以取
天下。

取，河上公注："治也。"无事者，无矫揉造作之事也。取天
下常以无事，言治天下恒以无为之上德为之，与天下本自清静之
性斯互相应，犹甘易受和，白易受采也。若教令苛扰，拂人之性，决
不足以治天下，自取灭亡而已。

# 四十九章

　　圣人无常心（景龙本、顾欢本皆无"常"字，此文当作"常无心"），以百姓心为心。善者吾善之，不善者吾亦善之，德善。信者吾信之，不信者吾亦信之，德信。圣人在天下，歙歙为天下浑其心。百姓皆注其耳目，圣人皆孩之。

　　圣人恒顺众生，常善救人（二十七章），故"常无心，以百姓心为心"。此大舜无为，善与人同，舍己从人，乐取于人以为善之旨（《孟子·公孙丑上》）。善不善，信不信，世谛异，而所以善不善、信不信之真心同故。善者吾善之，信者吾信之，真心不二用也。不善者吾亦善之，不信者吾亦信之，转彼不二之真心误用而不二者，复归于一，德无不善无不信也。以真常引真常，而不真不常之善不善、信不信自息也。圣人在天下，以人知多而欲侈，爱恶炽然，苦甚，乃歙歙焉无知无欲，以无分别心化之。百姓皆属其耳目而注意向之，了知浑朴之有益，聪明自用之非计，悉除聪明，效法圣人。圣人物我一如，即相与共孩之，胥因本具妙明真心而浑为一也。

# 五十章

出生入死。生之徒十有三，死之徒十有三，人
之生动之死地，亦十有三。夫何故？以其生生之
厚。盖闻善摄生者，陆行不遇兕虎，入军不被甲
兵，兕无所投其角，虎无所措其爪，兵无所容
其刃。

人具真常之性，至天地毁灭而不变，本无生死，而因一念妄
动受形，遂有出生入死之现象。方其未入世网，不了本性无生，生
之徒十有三。既撄尘缘，未能寂然无染，死之徒十有三。益以"五
色令人目盲，五音令人耳聋，五味令人口爽，难得之货令人行妨"
（十二章），人生动之死地者，亦十有三。或且锐情逐境，速如驰
骤，"终身役役，茶尔疲役而不知所归"（《庄子·齐物论》），将以厚
生也，适以速死。"人谓之不死奚益"（同上）。"悲夫！世之人以为
养形足以存生"（同上，《达生》）。讵知"惟无以生为者，是贤于贵
生"（七十五章）。善摄生者，知"万物为人之盗"（《阴符经》），不以
物亏生，不以性养物。知死生无变于己，"不悦生，不恶死"（《大
宗师》），恒逍遥于物之初，以全其性之天。"致虚极，守静笃"（十

六章），"专气致柔"（十章），定力潜通，凡属含灵，无不驯服。故"陆行不遇兕虎，入军不被甲兵，兕无所投其角，虎无所措其爪，兵无所容其刃"。盖"精气之极"（《管子·内业》），"化驰如神"（《文子·道原》），万物从命，无足异也。

　　夫何故，以其无死地。

　　以无死地，故不畏死，不贪生。"相造乎道，无事而生定"（《庄子·大宗师》），"其应于化而解于物也"（《天下》），"登高不栗，入水不濡，入火不热"（《大宗师》），固无入而不自得矣。

# 五十一章

道生之，德畜之，物形之，势成之，是以万
物莫不尊道而贵德。道之尊，德之贵，夫莫之命
而常自然。

《管子·心术上》曰："虚无无形谓之道，化育万物谓之德。"
以万物"殊形异执"（同上），无非道生之，德成之，是以万物莫不
尊道而贵德。《墨子·经上》云："力，形之所以奋也。"形即天
地万物，力即天地万物资始资生之本元，亦即吾人之真心，此名
道德。其为力奋发之威势，至大不可思议。天地万物，皆仗因托
缘以陶成者也。"天之道虚其无形。虚则不屈（竭也）。无形则无所
位趣（无阻碍也）。无所位迕，故遍流万物而不变。德者，道之舍（住
所），物得以生。生知得以职道之精，故德者得也。得也者，其
谓所得以然也（得道之精而然）。以无为之谓道，舍之之谓德，故道
之与德无间。"（本一非二，同上。）泽施万世本于无作。"感而后应，非
所设也。缘理而动，非所取也。"（同上）夫莫之命而常自然。自然
者，无为而无不为也。此道之所以至尊，德之所以至贵也。

故道生之，德畜之，长之育之，亭之毒之，盖

113

之覆之。生而不有，为而不恃，长而不宰，是谓
玄德。

长，滋长也。育，养育也。长之育之，申"道生之"之义。亭，平
也，均也，品物咸亨也。毒，治也，物皆从化也。亭之毒之，申
"德畜之"之义。盖之覆之，化被万方，物无能出乎其外也。（"盖"
误"养"，据《初学记》九、《文选·辨命论》注正）"生而不有，为而不恃，长
而不宰，是谓玄德。"第十章同，特彼就人言，此就道言耳。

# 五十二章

天下有始，以为天下母。既得其母，以知其
子。既知其子，复守其母。没身不殆。

天下有始，先天地生之道是，所以为天下万物之母者也。"既
得其母，以知其子"，万物一太极，物物一太极也。"既知其子，复
守其母"，因该果海，果彻因原，体本清静，守之勿失。"无迁（止
一而正）无衍（无增益过）<sup>①</sup>，命乃长久。和以反中，形性相葆，固其
所守。"（《管子·白心》）没身不殆。

塞其兑，闭其门，终身不勤。开其兑，济其
事，终身不救。

《易·说卦》"兑为口"。塞其兑，金人之缄其口义，"昏昏
默默"也（《庄子·在宥》）。闭门，不轻出，"守静笃"也（十六章）。勤，劳
苦也。终身不勤，"无劳形，无摇精，神将守形，形乃长生"也
（《庄子·在宥》）。开其兑，则启羞兴戎（《书》），元气耗损。济，《尔
雅·释言》"益也"。济其事，以驹隙之生，逐无厌之欲。心乱身
乱，是天下大乱之本，终身安有宁静之时，亦终于陷溺，不可救

---

① 过，原作"遇"。

度而已。

　　　见小曰明，守柔曰强。用其光，复归其明。无
遗身殃，是谓习常。

　　宇宙之说，托于秋毫之末，能摄至大于至小者，可谓明见。果
海未兆为小，微因独见为明。"天下之至柔，驰骋天下之至坚"（四
十三章），故坚强非强，柔弱为强。能守柔弱，斯为至强。性体潜
光，"光而不耀"（五十八章），发自空慧，寂照大千。大用无用，复
本妙明。常净无染，无遗身殃。无生无灭，是谓习常。

# 五十三章

使我介然有知，行于大道，唯施是畏。大道
甚夷，而民好径。

介，微也。王念孙曰："施，读为'迤'，邪也。言行于大道
之中，唯惧其入于邪道也。"《吕氏春秋·疑似篇》曰：墨子"见
歧道而哭之"，盖哀天下介然有知者，远离大道，入邪径也。夷，平
也。大道本甚平坦，而民好邪径。众生颠倒，习惯性成也。

朝甚除，田甚芜，仓甚虚，服文彩，带利剑，厌
饮食，财货有余，是谓盗夸，非道也哉。

陆希声曰："观朝阙甚修除，墙宇甚雕峻，则知其君好土木
之功，多嬉游之娱矣。观田野甚荒芜，则知其君好力役，夺民时
矣。观仓廪甚空虚，则知其君好末作，废本业矣。观衣服多文彩，则
知其君好淫巧，蠹女工矣。观佩带皆利剑，则知其君好武勇，生
国患矣。观饮食常厌饫，则知其君好醉饱，忘民事矣。观资货常
有余，则知其君好聚敛，困民财矣。"是皆舍其大道，而行邪径
之盗行。且以盗行夸耀于众，岂知道乎？

# 五十四章

善建者不拔。善抱者不脱。子孙祭祀不辍。

无上圆觉妙道，建立于万世人心上。竖穷三际，横遍八荒，无尽众生，一念相应，印证无差，即相与契合无间，胜于古树根深无可动摇。又如儿甘母乳，远离怀抱，性命堪虞。故曰"善建者不拔，善抱者不脱"。于是学子学孙，仰承法乳，递相传授，绵绵不绝，心香上达，俎豆千秋矣。如是妙道，行相云何，唯是慈心遍覆一切众生而无限齐，亦不作念有众生相，由是化导无尽众生。（一）远离无量生死烦恼，而不染著诸有为法。（二）常修无量布施持戒忍辱等行，以增福慧。（三）志性和柔，住平等心，恒不舍离一切众生。（四）成满利他大慈悲心，拔一切苦，与究竟乐。（五）了知世间诸法如梦，不妄取著，枉受苦缚。（六）情识顿净，计较都忘，一念不生，玄德现前。（七）无知无欲，寂然不动，入普光明无垢庄严。（八）洒洒落落，干干净净，做个无事出格道人。（九）真常之性，本无生死，度众了脱色身生死。（十）誓为众生涸生死海，成圆觉海，任逍遥游。原文善建、善抱者，未明道相如何，是其短也。兹据内典圆其说，以便修持。

修之于身，其德乃真。修之于家，其德乃余。修之于乡，其德乃长。修之于邦，其德乃丰。修之于天下，其德乃普。故以身观身，以家观家，以乡观乡，以邦观邦，以天下观天下。吾何以知天下之然哉？以此。

依如上道，修之于身，一身清净，可得无量寿光，故其德甚真也。修之于家，一家清净，夫妇父子兄弟，均得无量寿光，故其德有余也。修之于乡，一乡清净，一乡之人，皆得无量寿光，故其德甚优长也。修之于邦，一邦清净，一邦之人，皆得无量寿光，故其德极丰备也。修之于天下，天下清净，天下之人，尽得无量寿光，故其德至普遍也。是故以身示教，身与身相观感，而身身一道。家与家相观感，而家家一道。乡与乡相观感，而乡乡一道。邦与邦相观感，而邦邦一道。天下与天下相观感，而无边之天下一道。吾何以知天下之然哉？以人同此心，心同此理也。《圆觉经》曰："一切实相性清净故，一身清净。一身清净故，多身清净。多身清净故，如是乃至十方众生圆觉清净。""觉性遍满，清净不动，圆无际故。"(《普眼章》)道同。

# 五十五章

含德之厚，比于赤子。毒虫不螫，猛兽不攫，鸷鸟不搏。

圣人尘染尽净，"肫肫其仁，渊渊其渊，浩浩其天"（《中庸》）。含德之厚比于赤子（"比"当作"胜"，义较长。赤子不能使毒虫不螫，圣人能使毒虫不螫故），毒虫如蜂虿虺蛇等，不能行其螫毒。猛兽如兕虎等，鸷鸟如鹰、鹯等，不能肆其攫喉。盖体合虚灵，精照无外，物无得而伤之者。虎类且恒供其驱使，以其心灵，受制于圣人之心灵，不待言教而然也。

骨弱筋柔而握固，未知牝牡之合而朘作，精之至也。终日号而不嗄，和之至也。

骨弱筋柔握不能固，而握甚固者，心力充符也。朘，赤子阴也。未知牝牡之合而朘作，精气足而周至也。终日号泣而声不哑，柔和之气至纯厚也。

知和曰常，知常曰明，益生曰祥，心使气曰强，物壮则老，是谓不道，不道早已。

性体真常，柔和湛寂。清净无染，本自妙明。故知和曰常，知常曰明。保合太和，顺应常德而不忒。资益慧命，能永形寿而长生。由是正气安和，任心运使。心之所至，气随而至。"其息深深，以踵不以喉"（《庄子·大宗师》"真人之息以踵，众人之息以喉"），如天行健，自强不息。"虚室生白，吉祥止止"（《庄子·人间世》），此益生所以为祥也。此心气一如之强，是至柔之功用。非强梁无道，不得其死者比。若夫自逞刚强，失其赤子柔和之性者，未免与道背驰，不如其已也。"物壮则老"三句，亦见前三十章。

# 五十六章

知者不言，言者不知。

七十一章云："知不知，上；不知知，病。"旨同。《庄子·知北游篇》曰："天地有大美而不言，四时有明法而不议，万物有成理而不说。圣人者，原天地之美而达万物之理，是故至人无为，大圣不作，观于天地之谓也。"又曰："不知深矣，知之浅矣。弗知内矣，知之外矣。弗知乃知，知乃不知，孰知不知之知。"皆所以发此覆也。

塞其兑，闭其门。挫其锐，解其纷。和其光，同其尘。（上二句，解见五①十二章。下四句，解见前四章。此六者，皆申不言之旨。塞兑闭门，绝外缘也。挫锐解纷，破妄执也。和光同尘，贞内明也。皆所以同乎玄德也。）是谓玄同。故不可得而亲，不可得而疏，不可得而利，不可得而害，不可得而贵，不可得而贱。故为天下贵。

玄者，甚深微妙，道之总和。不可言说，不可思议，万有所以得而有者，同此一玄。体至亲密，无有毫末能通乎其外者，而

---

① 五，原作"八"。

122

无形可亲，又不可得而疏。利益周遍，无有一物不赖以生成者。而无利可言，又不可得而害。至贵无上，更无妙理堪与拟议其真实者，而贵贵无方，又不可得而贱，故为天下之极贵。设有可得而亲疏，有可得而利害，有可得而贵贱，则不足为天下贵。

# 五十七章

以正治国。以奇用兵。以无事取天下。

《说文》："正，从'一'从'止'。"徐锴曰："守一以止也。"一者，造分天地，化成万物之真如，如如不动，至清净也。本以正心正身，物无不正，而国治矣。此常经也。用兵不然。《史记·田单传》，太史公曰："兵以正合，以奇胜，善之者出奇无穷。"《索隐》："奇，谓权诈也。"所谓兵不厌诈也。"以无事取天下"，四十八章云："取天下常以无事，及其有事不足以取天下。"河上公注："取，治也。"明清净为天下正。昏动则天下不胜其滋扰也。

吾何以知其然哉？以此：天下多忌讳，而民弥贫；民多利器，国家滋昏；人多伎巧，奇物滋起；法令滋彰，盗贼多有。

吾何以知治天下常以无事？以天下行多畏忌，言多隐讳，则政不修明，兆民不安生业，四海日益困穷。民多佩带利剑（五十三章），则竞尚劫夺，而国家昏乱难治。人多淫巧技艺，则机心引发而妨耕织，邪事滋起。国家法令密如牛毛，而"罪不在禁"（《墨子·经说上》），盗贼心工，无迹可验者愈多，而"民不畏死"（七十四章），敢于行劫，幸而免者亦加多。此不"以正治国"四弊也。

故圣人云：我无为而民自化，我好静而民自正，我无事而民自富，我无欲而民自朴。

此"以正治国"四目也。我无为，纯乎天理默运，而民自淳化也。我好静，超乎尘缘拘系，而民心自清正也。我无事，不苛征役，而民财自富裕也。我无欲，不尚繁华，而民俗自朴素也。

# 五十八章

其政闷闷，其民淳淳。其政察察，其民缺
缺。祸兮福所倚，福兮祸所伏，孰知其极。

闷闷，愚钝貌。政尚无为者，真常性显，闷闷无言，民心醇
厚。朝野无诈伪，上德不德也。察察，检核也。政尚有为者，真
常性昧，察察为明，民情偷薄。上下工欺饰，悖德失德也。易顺
鼎曰："《太平御览》四百五十九《说苑》引《老子》曰：'得
其所利，必虑其所害。乐其所乐，必顾其败。人为善者，天报以
福。人为不善者，天报以祸。故曰祸兮福所倚，福兮祸所伏。'
按，所引疑系此处逸文。《吕氏春秋·制乐篇》云：'故祸者福
之所倚，福者祸之所伏。圣人所独见，众人焉知其极。'文亦多
于此。"纯一案，《文子·缵义篇》曰："天人一气，隐显相通。和
气致祥，殄气致殃，未有不由人主者也。"祸福因缘，互为倚伏。虽
曰天报，实一切唯心造也。《墨子·经说上》曰："利得是而喜，则
是利也，其害也，非是也。害得是而恶，则是害也，其利也，非
是也。"言人无真知，欲恶炽然。不知利中有害，利即是害；害
中有利，害即是利也。故又曰："欲正权利，恶正权害。"《荀子·

正名篇》曰："权不正则祸托于欲，而人以为福。福托于恶，而人以为祸。此亦人所以惑于祸福也。"皆谓唯圣人"能见独"（《庄子·大宗师》），众人莫知其究竟也。圣人心净，天下一心，本无祸福。凡夫世智辩聪，物我皎然，彼此是非，妄起分别。天下昏动，福为祸因，祸亦福兆，福祸倚伏，莫知其极矣。

**其无正邪，正复为奇，善复为妖，人之迷其日固久。**

天下岂无如实清净、正知正见、纤毫无误者邪？然亦鲜矣。众生依真实体，而有妄心。以有妄心，现妄境界。以有妄境界染法缘故，熏习妄心。令其念著，造种种业，受一切苦，不求解脱。于是本原正念转向倒邪，诸多善缘变为妖孽。迷惑幻象，障蔽本明，自无始末，生死惑业不断，其日固已久矣。

**是以圣人方而不割，廉而不刿，直而不肆，光而不耀。**

方，正也。割，分也。方而不割，自心恒正，于众人之不正者，不起分别也。廉，不苟取也。刿，伤也。廉而不刿，律己清廉，于众人之不廉者，不伤其意也。所谓"方者吾方之，不方者吾亦方之，德方。廉者吾廉之，不廉者吾亦廉之，德廉"也。直，不阿也。肆，放恣也。直而不肆，直而温也，于人之不当者，正容以悟之，使迁善于不觉也。光，明也。耀，炫耀也。光而不耀，和光同尘，不自炫于众也。皆状其"昏昏默默"（《庄子·在宥》），若无所知，不察察为明也。

127

# 五十九章

治人事天，莫若啬。夫唯啬，是谓早服。早服，谓之重积德。重积德，则无不克。无不克，则莫知其极。莫知其极，可以有国。

啬，俭约也，不侈于性也。啬以治人，则事简易而成功无难。啬以事天，则理朴实而浮尘不染。故"治人事天，莫若啬"。夫唯啬，"无劳形，无摇精，神将守形，形乃长生"（《庄子·在宥》），是谓早服。早服者，犹《庄子·大宗师篇》所谓"朝彻"也。平旦之气，服膺勿失，清明在躬，志气如神，谓之重积德。尽十方世界，在自己光明里。尽未来际众生，在自心净域中。"神明之极照乎知，万物中义守不忒"（《管子·内业》），故曰"重积德则无不克"。无不克者，无不能也。"能寿穷天地，德被四海"（同上）也。"是故卒乎其如可与索，眇眇乎其如穷无所"（同上），莫知其极。如虚空之宽旷，现境界之庄严，清净无为极乐国土，可以应心而有矣。

有国之母，可以长久。是谓深根固柢、长生久视之道。

《韩非·解老篇》云"母,道也",天地万物资始资生之真元也。国无道不立,既有立国之道,则一切众生平等。平等,兼相爱,交相利,莫不遂生复性,绝无贪污、怨恨、杀害、盗贼等罪,齐寿而康。民命长久,国命亦因而长久。道弥环宇,至天地败坏而常存;心包太虚,任形骸变迁而自在。是则根深而不可拔,柢固而不可脱,空明光妙,真如寿长,治人事天,于此为极。长生久视,道唯一啬,无可减损,无可增益也。

# 六十章

治大国若烹小鲜。以道莅 （《说文》作"蒞"）天下，其鬼不神。非其鬼不神，其神不伤人。非其神不伤人，圣人亦不伤人。夫两不相伤，故德交归焉。

小鲜，小鱼也。烹时不可挠扰以糜烂之。治大国者，当以静胜躁，"正心在中，万物得度"，故喻如"烹小鲜"也。道至神灵，万物之精。"流于天地之间，谓之鬼精。藏于胸中，谓之圣人。"至德之世，以道莅天下。"不言之声，疾于雷鼓。心气之形，明如日月。""平正擅胸，论治在心。""敬慎无忒，日新其德。""不逢天灾，不遇人害。"（俱见《管子·内业》）鬼神有吉无凶，圣人忘己而济物，太和翔洽，福德交归。

# 六十一章

　　大国者，下流天下之交，天下之牝，牝常以
静胜牡，以静为下。

　　此文"天下"二字，应在"下流"上。下"牝"字，下"以
静"二字，并误衍。"为下"二字，应在"胜牡"上。本作"大
国者，天下下流之交。天下之牝，常以静为下胜牡。"六十六章
云："江海所以能为百谷王者，以其善下之。"此言大国应如江
海，静处众流之下，众流自交归也。观于天下之牝，常以静为下
胜牡，可知也。

　　故大国以下小国，则取小国。小国以下大
国，则取大国。或下以取，或下而取。

　　国无大小，自下者胜。能取所取异，而以善下取得彼心
同。《易》曰："谦，亨。"天道下济而光明，地道卑而上行。劳
谦君子，万民服也。

　　大国不过欲兼畜人，小国不过欲入事人。夫
两者各得其所欲，大者宜为下。

　　大国下小国，不过欲兼畜人，非贪地也。小国下大国，不过

欲人事人，非争长也。两者皆能下，各得其所欲。其为德量愈大者，其自处愈宜下。

# 六十二章

道者，万物之奥，善人之宝，不善人之所保。

奥者，义蕴深秘，不易窥见也。道者，万物之秘藏。高山流水，翠竹黄花，应物现形，如法自在。其义蕴净空而不空，广生而无生，甚深微妙，不可思议也。善人体认至道，识即自心，总摄三千大千世界，万德具足，无少欠缺，如摩尼宝，不假外求，一切使用，无不如意。会得万物尽归自己，遍十方界无一微尘许，不是自家财宝。益以六度万行，无尽法财，任运圆成。道诚善人之无价宝也。不善人虽不知道即自心，而道充众妙之形，万物以生以成，无能遁乎其外而皆存。"人之所失以死，所得以生。事之所失以败，所得以成者"（《管子·内业》），固无非道也。故道亦不善人之所保也。

美言可以市尊，美行可以加人。人之不善，何弃之有。

下"美"字旧脱，从俞樾校，据《淮南子》，《道应训》《人间训》补。市，与"沽"同，取得也。加，增益也。美言有利于世道，可以取得永世人之尊敬。美行造福于人群，可以增益当时人之安乐。此善人体道真切，无相无著之显现，非故为美言美行，取悦于世，敢以贼道也。盖道为善人之宝也。人化于道无不善，道能化不善人日迁于善而不自知。苟转染而为净，即超凡而入圣。是以圣人知人之性具足明德，而偶失其清明之用者，使复其本明。"常善救人，故无弃人"(二十七章)，然则人之不善，何弃之有？不善人与善人，一本无二。故道亦不善人之所保也。

故立天子置三公，虽有拱璧以先驷马，不如坐进此道。

三公，太师、太傅、太保也。拱璧，两手拱抱大璧也。天下所以立天子者，欲其道济天下也。置三公者，欲其以道佐人主也。是故有道之君相，虽有拱璧以先驷马，礼聘有道之士以为辅弼，究系驰求于外，不如释形去智，心斋坐忘，精进于道，全性葆真。尽出诸不平等之无常，而入一切平等之真常。风动天下，尤足贵也。

古之所以贵此道者何？不曰：求以得，有罪以免邪？故为天下贵。

"求"下当有"福"字，"求福以得"，与"有罪以免"对文。《管子·白心篇》曰："道者小取焉则小得福，大取焉则大得福。"取、求义同可证。自古及今，所以贵此道者何故？不曰"心静气理""福将自归""德成智出"(《管子·内业》)，罪即远离邪？于是天下不善人日少，善人日多，驯至有道之士盈天下，以其尘垢秕糠可以陶铸尧舜。道之妙用无穷，故为天下贵。

# 六十三章

为无为，事无事，味无味。大，小。多，少。报怨以德。图难于其易，为大于其细。

至为无为，一切有为，皆是无为。故"道常无为而无不为"（三十七章），"为无为则无不治"（三章）。真事无事，事无事则其事无不真，故"取天下常以无事"（四十八章）。妙味无味，味无味则其味无不妙，故"道之出口，淡乎其无味"（三十五章）。天下物理，托小包大。"神托于秋毫之末，而大宇宙之总"（《淮南子·原道训》），无大不在小中。即少是多，"一即一切，一切即一"（内典），无多不在少中。故知物我一如，怨亲平等。智者所以不敢为（三章），知无为之有益也（四十三章）。天下至大至多患难苦海，该于极小极少之惑因中。众生大患有身，惑业莫如结怨为甚。怨怨相报，大始于小，多积于少，毁家灭族，报无已时，皆由"不知常，妄作凶"也（十六章）。明知常者，证怨本无，虚妄不实。以德报之，彼怨既释，亦且德我。自心一平，天下皆平，可谓"事无事"矣。天下岂有不可为之难事大事哉！惟贵"图难于其易，为大于其细"耳。是故"见小曰明"（五十二章），释氏谓之菩萨畏因。

天下难事必作于易，天下大事必作于细。是
以圣人终不为大，故能成其大。夫轻诺必寡信，多
易必多难，是以圣人犹难之，故终无难矣。

　　下章云"为之于未有，治之于未乱"，则其事易而不难，细
而不大也。"合抱之木，生于毫末。九层之基，起于累土。千里
之行，始于足下。"明终能成其大者，其初不大，即小是大。是
以圣人摄难于易，该大于细，终不为大，故能成其大。慎终于始，则
不轻诺，可信任。不易与，免责难。是以圣人视事艰难。"安而
不忘危，存而不忘亡，治而不忘乱，小而辨于物。""先难而后易。"
"惧以终始，其要无咎。"（俱见《易·系下》）

# 六十四章

其安易持，其未兆易谋，其脆易泮，其终易
散。为之于未有，治之于未乱。

居安而持危，事无不理。防患于未然，谋无不成。为之于未
有者，上也。及事将然，尚未成熟，易解释也。微见端倪①，易
消灭也。如"为之于未有，治之于未乱"者，次之。防微杜渐，以
远害也。

合抱之木，生于毫末。九层之台，起于累
土。千里之行，始于足下。

明天下大事，必作于细。治乱祸福之几，恒隐伏于未有。唯
圣人能朝彻见独，无为无执也。

为者败之，执者失之。是以圣人无为故无
败，无执故无失。民之从事，常于几成而败之。慎
终如始，则无败事。

一切有为法，矫揉造作，悖乎无为者，无不败坏。凡固执己
见，推行不能尽利者，必有损失。是以"圣人常无心，以百姓心

---

① 倪，似应作"倪"。

为心"（四十九章），无为故无败。"取天下常以无事"（四十八章），无执故无失。与"民之从事，常于几成而败之"者异矣。"终始慎厥"与"慎终于始"（《书·太甲下》），宜乎无败事也。

是以圣人欲不欲，不贵难得之货。学不学，复众人之所过，以辅万物之自然，而不敢为。

圣人常无欲以全性。世间之金玉富贵，一切难得之货，足为性之累，皆所不贵，故不欲众人所欲之尘缘，而独欲世人所不欲之真常性道也。众人所学者，政令礼乐之属，皆世智辩聪，违于道悖于德之末务，不足以益世人之真知，使一一完成为真人。是其为学，绝之无忧者也，是众人之所过也。故圣人虽学众人之所学，而无伤于性之真，等于未学。唯学众人所不学，远离文言之真学。有学（俗谛）则复为众人之所过，无学（真谛）则非复众人之所过也。"复"上疑脱"不"字，当补。圣人所以欲不欲、学不学者，净妙真心，有如慧日空明。凡以辅天地生成万物之本然，而不敢有为于其间也。

# 六十五章

古之善为道者，非以明民，将以愚之。民之
难治，以其智多。故以智治国，国之贼；不以智
治国，国之福。

古之善于治国者，其为道，非以世智，教民聪明巧诈也。将以上德化民，使其质朴如愚也。盖民之难治，以其伪饰智多故。故以智治国，则"智慧出，有大伪"(十八章)，"法令滋彰，盗贼多有"(五十七章)。"世俗所谓知者，无不为大盗积；所谓圣者，无不为大盗守"(《庄子·胠箧》)，谓非国之贼邪？不以智治国，则"我无为而民自化，我好静而民自正，我无事而国自富，我乐欲而民自朴"(五十七章)。举国皆灭其贼心(《庄子》)，谓非国之福耶？

知此两者亦楷式。常知楷式，是谓玄德。玄
德深矣远矣，与物反矣，然后乃至大顺。

以智治国国之贼，不以智治国国之福，此两者足为治国之楷式。常知楷式，则无为之玄德尚已。玄德至深且远，常与世间物情相反。诚能超乎物表，"乃能戴大圜而履大方"(《管子·内业》)，大顺乎道"以政为仪"，"天行其所行，而万物被其利；圣人亦行其所行，而百姓被其利"(同上，《白心》)矣。

# 六十六章

江海所以能为百谷王者，以其善下之，故能为百谷王。是以圣人欲上民，必以言下之。欲先民，必以身后之。

江海量大能容，善居百谷之下，故百谷莫不归往，能为百谷之王。圣人无心居民上，而民必欲圣人居其上，圣人始顺民心而居上。然必以言下于民，示不敢亢也。圣人无心居民先，而民必欲圣人居其先，圣人始顺民心而居先。然必以身后于民，示不敢专也。

是以圣人处上，而民不重。处前，而民不害。是以天下乐推而不厌。以其不争，故天下莫能与之争。

圣人处民上，为民兴利除害，从不扰民，而民不觉其德之大，不知如何敬重之。处民前，令民离苦得乐，常身亲民，而民不觉其道之高，亦无谁敢伤害之。是以天下乐于推崇而不厌也。以其善下不争，故天下莫能与之争也。

# 六十七章

天下皆谓我道大，似不肖。夫为大，故似不肖。若肖，久矣其细也夫。

道包太虚，其大无外，无分人我。而自我言之，天下遂皆谓我之道大，似乎一无所肖。夫唯大，故无形可肖。若有形象可肖，久矣其细也夫。

我有三宝，持而保之。一曰慈，二曰俭，三曰不敢为天下先。慈故能勇，俭故能广，不敢为天下先，故能成器长。

我有三宝，理应保持，无或遗失。一曰慈。慈者，普利尽未来际无尽众生之仁心，发于周遍沙界唯一无二之真元，是性灵无缘之大用也。圣人清净无为，圆成自性无量寿光。环顾众生认妄作真，昧未性明，枉受生死无量苦恼，兴同体悲，思普度之，如释尊誓愿度尽苦趣众生，曰"我不入地狱，谁入地狱！"大雄无畏，勇本慈生也。二曰俭。"俭在心不在物"（子华子答晏子问），不感于外也（《墨子·辞过》）。释氏所谓"实际理地不受一尘"，斯真清净无染，自度圆满之密因也。以是凡情断尽，体露真常，十方

141

世界，现一全身。厚德广运，无间自他，从俭显也。"无藏也故有余"（《庄子·天下》）。三曰不敢为天下先。世人锐情逐境，贪求无厌，权位名利，在在争先，纵能如愿，成就不大，器量小也。圣人无妄，退处真实，与物无争，以身后民，柔和谦下，不敢为天下先，而万民悦服其德者，知其体仁足以长人，皆乐推为百官之长。只以不敢为天下先，故能为天下长。四十一章云"大器晚成"，足证器之速成者不大也。

今舍慈且勇，舍俭且广，舍后且先，死矣。

勇现于慈，足以济人之生。广本于俭，可以尽人之性。不先而后，亦能存己之身。今不慈而勇，是陷身于锋镝也。不俭而广，是埋真于财货也。不后而先，是积怨于僚友也。皆自取灭亡之道也。

夫慈，以战则胜，以守则固。天将救之，以慈卫之。

慈本至性流露，感人至深，莫不乐于效命。故以战则克敌而胜，以守则防边而固。圣人慈心遍覆，同于大通，感召天和。偶有危难，则天将救之，以慈卫之。七十九章云"天道无亲，常与善人"，盖天人一气，隐显相通也。

# 六十八章

古之善为士者不武，善战者不怒，善胜敌者
不与，善用人者为之下。是谓不争之德，是谓用
人之力，是谓配天之极。

首句"古之"二字，从河上本、景龙本、傅奕本增。言古者
有道之士不尚武，以德服人，止戈为武也。"善战者不怒"，所谓
战胜于庙堂，不出尊俎之间，折冲千里之外。如《晏子春秋·
杂上》，晋欲攻齐，使人往观，晏子以礼侍而折其谋是也。"善胜
敌者不与"，与，犹敌也。所谓"善战者无赫赫之功""不战而屈
人之兵"。如《史记》司马穰苴，斩庄贾及使者左骖左骖，然后
行士卒次舍，问疾医药，身自拊循，悉取将军资粮享士卒，身与
士卒平分比羸弱者，三日而后勒兵，病者皆争出赴战，晋师闻之
为罢去，燕师闻之度水而解是也。是谓"不争之德"，优于战争
杀人而胜必有天殃者，判若天渊也。"善用人者为之下"，《墨子·
所染篇》曰"善为君者，劳于论人而佚于治官"。如大舜无为，有
臣五人而天下治是也。又如成汤三聘伊尹，高宗形求傅说，齐桓
任用管仲，皆能以身下贤，建史乘殊勋。是为尚贤不自贤，故智

者为之谋，能者为之使，国无不治。是谓"用人之力"。否则自贤不尚贤，国亡无日矣。"配天之极"，"天"下旧衍"古"字，从俞校删。天无私覆，善利万物而无敌，谁与争德。善利天下不自用，人皆效力。今无争又善下，与天合德，是谓"配天之极"。

# 六十九章

用兵有言：吾不敢为主而为客，不敢进寸而退尺。是谓行无行，攘无臂，执无兵，扔无敌。

"用兵有言"四字，语气不足，当作"古之用兵者有言"。据古之用兵者有言，吾不敢大为不义之盗行，攻人之国；然有大盗来攻者，不能无备以应之。故不为主而为客。此墨子所以非攻而严守备也。是故不敢进犯人之寸土，免致退避而丧尺地。如夫差攻齐攻越，九夷之国莫不宾服，卒为勾践所戮，而吴国以亡。智伯攻中行氏、范氏并为一家，又围赵子于晋阳，赵襄子乃谋于韩康子、魏桓子，共杀智伯，尽并其地（详见《墨子·非攻中》、《赵策一》、哀公四年《左传》）。天道好还，敢横行乎？惟知"兵为不祥之器"（三十三章），虽不可一日无备，宁可百年不用。是谓行慈悲无畏之行，是无上之真行，故曰"行无行"。攘谦冲无怒之臂，故曰"攘无臂"。执戒慎无害之兵，故曰"执无兵"。扔协和无怨之敌，故曰"扔无敌"。马叙伦曰："行、兵、臂、敌，相间为韵。"

祸莫大于轻敌，轻敌几丧吾宝。故抗兵相加，哀者胜矣。

自来仁者无敌，能化敌怨为至亲。然人情喜怒无常，我不可以无备，无备是为轻敌，敌将乘虚而来，丧吾慈宝，民命国命，均不可保，祸孰大焉？如徐偃王以行仁义，无武备而国亡，可畏也。哀者，悲愍义，慈也。三十一章云："杀人之众，以哀悲泣之。战胜，以丧礼处之。"以两兵相抗，残杀相加，大干天和，殊堪哀悯。故以慈悲无量之真心感之，彼残杀害仁之妄心自息，则哀者胜矣。六十七章云"慈以战则胜"，允已。

# 七十章

> 吾言甚易知，甚易行。天下莫能知，莫能
> 行。言有宗，事有君。

吾言"见素抱朴，少私寡欲"(十九章)，此易知易行，可以全性葆真也。而天下侈于私营者莫之能知，迷于物欲者莫之能行，亦徒见其自苦耳。圣人立言，必有宗旨。以众妙同出于一玄，故万殊必归于一本。《墨子·经上》曰："同异而俱于之一也。"《说》曰："二人而俱见是楹也，若事君。"言人不一，而所见者一，若万众同事一君也。是此"言有宗，事一君"之确诂。下"有"字涉上"有"字而误，当作"一"，于义为协。君即朴素，天下莫能臣之至道。体本寂寥，而其妙用神密无穷也。

> 夫唯无知，是以不我知。知我者希，则我贵
> 矣。是以圣人被褐而怀玉。("而"字旧脱，从傅奕本补。)

唯众人无真知，是以不知我之真，亦不知我与众人同一真，非我独真而众人不真。奈何众人皆自埋其真，只知小我之假我，不知大我之真我，几无能自知我所以为我之真者矣。故曰知我者希，则我之所以为我者贵矣。是以圣人被褐与众人同，而怀玉与众人本不异而大异。褐喻色身，玉喻真心也。

# 七十一章

知，不知，上。不知，知，病。夫唯病病，是以不病。圣人不病，以其病病。是以不病。

大道甚深玄妙，不可思议，不可言诠。故知道难尽知，虽深知而犹不敢云知者，尚已。若未能深知，即等于不知，而自以为有所知者，则在身为心病，在身外为世病甚矣。病，患也，中疾甚也。《庄子·知北游篇》曰："不知深矣，知之浅矣。弗知内矣，知之外矣。弗知乃知，知乃不知，孰知不知之知？"是此确诂。孰知不知而知，为世病之大邪？自非圣人，难免此病。圣人所以不病者，以其病病，"夫唯病病，是以不病"。古人为文不厌重复。《太平御览》疾病部，引作"圣人不病，以其病病；夫唯病病，是以不病"。已就文为乙删矣。①

---

① 此句，似有不通。

# 七十二章

民不畏威，则大威至。无狎其所居，无厌其
所生。夫唯不狎，是以不厌。

二十章云："人之所畏，不可不畏。"言人不尚清静无为之
道，则一切有为造作可畏之祸乱必至也。人心各逞私营，不畏天
威，私私害公，天理灭绝，刀兵水火，大威随至矣。狎，亵也，不
敬也。"无狎其所居"，于所居处，戒慎乎其所不睹，恐惧乎其所
不闻也。厌，足也。"无厌其所生"，不甘厚味，而悯人之饥，恒
服恶衣，而济人之寒也。夫唯不狎其所居，心常敬畏。是以不厌
其所生，务利群生，而大威不至矣。"不狎"旧作"不厌"，从吴
澄校改。

是以圣人自知不自见，自爱不自贵，故去彼
取此。

圣人自知祸乱之果，动于一念之微因，可畏之至。故常祛
妄，不自见其一念有。自爱真常之体，其实无相，"始本无生"（《庄
子·至乐》），终"无死地"（五十章）。故常葆真，不自贵其"不益生"
（《庄子·德充符》）。是故能去彼大威，取此长生。

# 七十三章

勇于敢则杀，勇于不敢则活。此两者或利或
害。天之所恶，孰知其故，是以圣人犹难之。

勇于敢则坚强，"坚强者死之徒"（七十六章）。勇于不敢则柔
弱，"柔弱者生之徒"（同上）。世以勇于敢为利，而利即是害。世
以勇于不敢为害，而害即是利。或敢或不敢，利害无定，不可固
执也。"天道亏盈而益谦"（《易·谦》）。非惟恶"乐杀人者"（三十一
章），亦恶敢于为恶，不利于人者。抑非不利于人，而恒自害之
恶行，亦甚多甚多，皆为恢恢天网所不漏。孰知其故？盖世间一
切利害因果始于一念不觉生相，理至精微，圣人犹难尽知之。

天之道，不争而善胜，不言而善应，不召而
自来，𫍲①然而善谋。天网恢恢，疏而不失。

暴王桀、纣，诟天贼人（《墨子·法仪》），天不与之争，假手汤、
武以诛之，足见天之道不争而善胜也。《书·咸有一德》曰："惟
吉凶不僭在人，惟天降灾祥在德。"《仲虺之诰》曰："惟上帝不
常，作善降之百祥，作不善降之百殃。"曰天曰上帝，皆一真性

_____

① 𫍲，原作"绰"。

之代名。降祥降殃，即对作善作不善不言之善应，盖因业感报也。《诗·大雅·文王篇》曰"永言配命，自求多福"，可证。孟子曰"祸福无不自己求之者"（《公孙丑上》），允已。"道满天下，普在民所，民不能知也"（《管子·内业》），《庄子·知北游篇》曰"道无所不在"，外充肌肤，内周骨髓，无去无来，故曰"不召而自来"。"繟然而善谋"，言谋一切事理，无不条理井然也。天网无网，喻道周密，牢笼万有，假名曰"网"。其网恢恢，宽广无边，似乎疏而不密，然赏善罚恶，毫厘不差，无或失也。"失"，景龙本作"漏"。

# 七十四章

民不畏死，奈何以死惧之？若使民常畏死，而为奇者，吾得执而杀之，孰敢？

兆民感于上之有为，心无所宗而昏乱，瞽不畏死，刑网虽密，何足以惧之？若以德化民，"好生之德洽于民心"（《大禹谟》），使民常乐生畏死，偶有奇异邪行者，吾得执而杀之，孰敢不格其非心邪？

常有司杀者杀。夫代司杀者杀（傅奕本、苏辙本"夫"字，均作"而"），是谓代大匠斫。夫代大匠斫者，希有不伤其手矣。

夫刑罚不足畏，则暴人轻犯禁（《管子·正世》）。民者，"心安是国安也，心治是国治也"（同上，《心术下》）。在上者不能正治民心，一一得所安而静，致民躁而多邪僻之行，亦常有天监在上，为司杀者杀，所谓"天网恢恢疏而不漏"也。故在上者，背乎清静无为之天道，时任己意而司杀，是代司杀者杀，是谓"代大匠斫"。拙工代大匠斫者，则伤其手。代司杀者杀人之人，灾必及其身也。

# 七十五章

民之饥，以其上食税之多，是以饥。民之难
治，以其上之有为，是以难治。

人君宫室、车马、妻妾、衣食之欲多，则收税多，暴夺民衣食
之财，则民饥。上以有为率下，下以有为报上，故诈伪多而难治。

民之轻死，以其求生之厚，是以轻死。夫唯
无以生为者，是贤于贵生。

上侈于欲，民争效之，罔知存性以全生故。夫人之所以轻忽
其生而速死者，由其畏死之甚，竭尽心力以营生。不知求生之
厚，适以"伤生损寿"（《墨子·经说下》），是为"轻死"。"悲夫！世
之人以为养形足以存生"（《庄子·达生篇》），孰知养形不足以存生，惟
"常因自然而不益生"（《德充符》），"能外生而后能入于不死不生"
（《大宗师》）。无能子曰："今人莫不好生恶死，而不知自然生死之
理。役其自然生者，务存其自然死者。存之愈切，生之愈疏。"（《析
惑》）故"唯无以生为者，是贤于贵生"。

153

# 七十六章

　　人之生也柔弱，其死也坚强。草木之生也柔
脆，其死也枯槁。故坚强者死之徒，柔弱者生之
徒。是以兵强则灭，木强则折。坚强处下，柔弱
处上。

　　凡坚强者死相，"物壮则老"也（三十章）。凡柔弱者生相，"冲
气以为和"也（四十三章）。"兵强则灭"，利刃先挫也。"木强则折"，乔
木先伐也。明守柔为强也。旧"灭"作"不胜"，"折"讹"兵"，今
从俞校，据《列子·黄帝篇》正，《淮南·原道训》同。"坚强
处下，柔弱处上"，明"柔弱胜刚强"（三十六章）。无异天尊地卑，贵
贱位定也。

# 七十七章

天之道，其犹张弓欤？高者仰之，下者举之，有余者损之，不足者补之。

天之道无高无下，无不平等，无过不及，无不适中。譬之张弓，高者下之，下者高之，太过则减损之，不及则增补之。"若虞机张，往省括于度则释"（《商书·太甲上》）。盖天道普济，至中至正，唯张弓发无不中，约略似之。

天之道，损有余而补不足。人之道则不然，损不足以奉有余。孰能以有余奉天下？唯有道者。

天道"称物平施"（《易·谦》），损有余而补不足，极无为之玄妙也。人之为道与天反，损不足以奉有余。居上位者，厚作敛①于百姓以饰舟车，左右象②之，是以其民饥寒并至，故为奸邪（《墨子·辞过》）。或亏夺民衣食之财，以为大钟、鸣鼓、琴瑟、竽笙之声，刻镂文章之色，犓豢煎炙之味，高台厚榭邃宇之居（同上，《非乐》）。不平甚矣！将人之所以异于禽兽几希者尽去矣。非有道者，孰

---

① 敛，原作"数"。
② 象，原作"众"。

能以有余奉天下。齐晏平仲居相位，衣苴布鹿裘，敝车疲马，尽以禄给亲戚朋友。亲戚待其禄而衣食五百余家，处士待而举火者亦甚众。曰"藏财而不用，凶也"（《晏子春秋·谏下》十九章）。墨子曰"多财而不以分贫，不祥也""有力以劳人"（俱见《鲁问篇》），"有道肆相教诲"（《兼爱下》），是墨家皆以有余奉天下，与道家同也。佛教、耶教，皆首重布施。所以利人，而自净其性德，为天下后世法也。设不以有余奉天下，安得为有道之士耶？

是以圣人为而不恃，功成而不居，其不欲

见贤。

"为而不恃"二句，已见二章。此言圣人布施无相，了知我人物空。故为而不恃，功成而不居，不欲见贤于众也。设欲见贤于众，即是心不清静，所为有漏，背乎道之真常，为世间造孽种也。

# 七十八章

天下莫柔弱于水，而攻坚强者莫之能胜，以
其无以易之。弱之胜强，柔之胜刚，天下莫不
知，莫能行。

天下最柔弱者，莫过于水，而一切坚强者，莫能攻而胜之。河
上公注云："水能坏山襄陵，磨铁销铜。"故四十三章云"天下之
至柔，驰骋天下之至坚"，孰有坚强胜于水者哉！倘以极坚强之
力攻之，水能无我宽容之，而坚强之力化为乌有矣。此以水喻大
道，本极柔弱之至理，无以易之者也。弱之胜强，柔之胜刚，观
于水而彰著，天下莫不知之，惜无能摄解成行者，可慨也已。《列
子·黄帝篇》粥子曰："欲刚必以柔守之，欲强必以弱保之，积
于柔必刚，积于弱必强，观其所积以知祸福之乡。"义同。

是以圣人云：爱国之垢，是谓社稷主。受国
之不祥，是为天下王。正言若反。

圣人知其雄，守其雌；知其白，守其黑；知其荣，守其辱（二
十八章）。雌也，黑也，辱也，国人所谓垢也。此非真垢，而显扬
荣宠，斯真为垢之渊。惟能守无名之朴，虚怀受国人之所谓垢

污，而心无分别者，万物将自宾，可为社稷主。又推而言之，孤、寡、不穀，国人所谓不祥，贱称也，此非真不祥。而以兵取强，以智治国，斯真不祥之实。惟能敦无为之化，忘己受国人之所谓不祥，而以身下民，无贵无贱，德总天地者，天下无不归心，可为天下王。正言契真，与世俗反。众生无真知，颠倒性成，往往以圣人之正言，视若反言也。

# 七十九章

和大怨，必有余怨，安可以为善？是以圣人
执左契而不责于人。

怨，仇也，恨也。结怨积怨，不易和解。倘与人结小怨，已
两失其本性平等之真，宜速报之以德，和好如初为得。至积小怨
成大怨，则难于言和，纵和亦必有余怨，未为善也。假令彼此了
解平等真心，本自清净，无怨可积。怨由妄生，能祛其妄，怨自
消灭无余，而心和乐。保合太和，斯最善矣。圣人知怨尤之起，由
执左券而责人求偿者多，货财皆身外物，储蓄反增心垢，布施以
济贫苦，令彼乐善修福。故执左契而不责于人，则怨无由生，彼
且大欢喜矣，圣人亦心安矣。

有德司契，无德司彻。天道无亲，常与善人。

《诗·豳风·鸱鸮》"彻彼桑土"。彻，剥取也。有德者司契
而已，树德务本，心地所栽培者厚也。无德者执左券而责人之
息，息愈多而责之愈力，致人之积怨彻骨而不可解，是取息未可
必，而取怨必矣。无德取怨，背乎天道，故《商书·咸有一德》
曰"惟天降灾祥在德"，言灾祥视德之得失厚薄而现也。《周书·

159

蔡仲之命》曰："皇天无亲，惟德是辅。"《诗·大雅·文王篇》曰："永言配命，自求①多福。"皆此"天道无亲，常与善人"之明证。

---

① 求，原文缺。

# 八十章

小国寡民，使民有什伯之器而不用。（下"民"字，从傅奕本补。）

《说文系传》人部"伯"下，引《老子》曰"有什伯之器"。每什伯共用器，谓兵革之属。盖国小民少，出入相友，守望相助，每什伯共有兵器者，防盗贼耳，非所以争胜也，争胜则亡无日矣。故"使民虽有什伯之器而不用"。

使民重死，而不远徙。虽有舟舆，无所乘之。虽有甲兵，无所陈之。使民复结绳而用之。

使民乐天存性，知足无求。重视无常之迅速，不甘远徙之尘劳。真实受用，随身自在。向外奔驰，反失家宝。故舟舆可弃，甲兵可销，柴门静掩，岁月宽闲。"采真之游"（《庄子·天运》），"空空如也"（《论语·子罕》）。书契无用，奚事结绳？《庄子·胠箧篇》云"神农时民结绳而用之，甘其食，美其服，乐其俗，安其居，邻国相望，鸡狗之音相闻，民至老死而不相往来"，则至治已。

甘其食，美其服，安其居，乐其俗，邻国相望，鸡犬之声相闻，民至老死不相往来。

园蔬逾珍馐，布衣胜文绣。茅庐卧白云，比户话明月。隔河异封域，鸡犬声相闻。对门倾耳听，"寂破天籁清，大道普民所"（《管子·内业》），俯仰户牖盈（"不出户知天下，不窥牖见天道，其出弥远，其知弥少"）。行年九十余，足未出里门。"宇宙在乎手"（《阴符经》），无劳枉己寻。

# 八十一章

信言不美，美言不信。善者不辩，辩者不
善。知者不博，博者不知。

真实至言，众人逆耳。众人乐闻者，阿谀之声。《书·太甲
下》曰："有言逆于汝心，必求诸道。有言逊于汝志，必求诸非
道。"当矫其情之伪也。善者玄鉴莹彻而常寂然，心辩而不繁说，故
曰"善者不辩"。辩者强聒不舍，务以争胜，言善而不笃行，故
曰"辩者不善"。"知者不博"，以道不可言，言则有漏，故曰"道
可道，非常道，名可名，非常名"。《庄子·寓言篇》曰"不言
则齐"，知不可以博显也。"博者不知"，如《金刚经》云："若
言如来有所说法，则为谤佛，是人不解我所说义。"又云："若以
色见我，以声音求我，是人行邪道，不能见如来。"可会通也。

圣人不积。既以为人己愈有，既以与人己
愈多。

圣人无己，故无私积。以天下之财，共之天下。积财于天下，天
下之所积，即圣人之所积。圣人福德之厚，以推己所有以与人者
愈多，而生物不测，足以与人而不竭于己者愈多。更以真空之慧

知大千世界，无尽法财，秘藏自心，应用无穷。且应用以利人，则世道益隆，己德益丰。故曰"既以为人己愈有，既以与人己愈多"。故有积则迷于无常之幻有，虽富有天下无足时，与道隔矣。无积则真常妙理，显露于自心而日彰，愈以利人而愈彰。知圣人之不私积，以天下人无非己也。所以祛妄全真，为天下人积福积慧者大也。《庄子》"以有积为不足，无藏故有余"（《天下》）。夫唯无藏，故能与宇宙之无尽藏，资万有各足而不匮者为一也。

　　天之道，利而不害。圣人之道，为而不争。

　　天之道大公无私，大中至正，故有利而无害。《墨子·天志中篇》曰："天之意不欲大国之攻小国也，大家之乱小家也。强之暴寡，诈之谋愚，贵之傲贱，此天之所不欲也。不止此而已，欲人之有力相营，有道相教，有财相分也。又欲上强听治，下强从事，君臣上下惠忠，父子兄弟慈孝，刑政治，万民和，国家富，财用足，百姓皆得暖衣饱食，便宁无忧。"皆所谓利而不害也。故"爱人利人者，天必福之。恶人贼人者，天必祸之"（《法仪》），"顺天者存，逆天者亡"（《孟子·离娄上》），天道至显著也。圣人之心，清净妙明，合天为一。天道无为而无不为，与人无争，圣人亦然。天道假圣人而有为，圣人本天道而普利，一而二，二而一也。天下本无违天之道，本无不圣之人，而世人迷惑，往往背乎天道，害人亦不利于己者众，藐视圣人，争为一时之雄，以逞其贪瞋痴毒，肆害天下者多。此真常性道不明之过，圣人之大忧也。故《老子》于终篇，示圣人与天道同一清静无为，为而不有，善利万世，与世无争也。

# 阴符经真解

　　《阴符经》有二种。太公望著《阴符兵法》，入兵家。今所传《阴符经》，旧题黄帝撰，入道家。有太公、范蠡、鬼谷子、张良、诸葛亮、李筌六家注。昔人多谓此书真伪不可考。黄庭坚定为筌所伪托，朱子亦以黄说为然。然以其时有精语，非深于道者不能作，因为之考定其文，作《考异》一卷。宋夏元鼎《阴符经讲义》，引以言丹法，则非道家正宗矣。窃以经文皆道家言，李筌无此识力，据《汉书·艺文志》"道家黄帝四经四篇"，断定此经黄帝作，为四经四篇之一。语语精辟，旷世无匹。掌握造化机密，冠冕诸子群经，可以通神明之德，类万物之情。老子盖承其传而光大之。惟于一切含灵，织妄业流，轮转六道之故，与夫真穷惑尽，超绝三途之妙理，略焉不详，不足以醒大盗之迷梦，励群生之灵修，实为缺憾。间有不了心源，甚庸劣句，为后人羼入无疑。至六家注，颇觉肤泛，适中肯綮者寥寥。盖浅人伪托，无足取。今据道家真常玄理，兼探墨儒精义，内典圆诠，略为解释，冀以启发读者本具妙明真心。摄宇宙入毛孔，总万有为一身，即一切德教政艺，皆可尽性以寿世也。

中华新纪元三十三年岁次甲申清明节
汉阳张纯一仲如时年七十又四
书于陕西城固西北大学校舍

# 上篇

观天之道，执天之行，尽矣。

天者，一真法界之异名。从古至今，缘生万象。六趣四生，诸佛圣贤，无穷法门，无量妙义，无不从此法界流，无不还归此法界。而此法界，本寂无生，妙湛自如。具真知者，以空慧观照，了了一心，总持世出世间，一切恒沙德用，为而无为，得大自在，能转万物，不为物转。修身则道味淡然，心气一如，以终天年。处世则乐取于人以为善，事事平等，同永其寿。接物则尽性发育而不相害，田野山林川泽之产不胜食用。治国则清静自化，奸邪不生，俨然有百千万亿无军之兵，天下因感真心之至平，无一不平矣。如是尽人之心，无非天心。心代天意，口代天言，手代天工，身代天事。无尽天道，尽现于人事之万行矣。《易》曰："天行健，君子以自强不息。""保合太和，各正性命"，本此脱化。

故天有五贼，见之者昌。五贼在心，施行于天。宇宙在乎手，万化生乎身。

五贼，眼、耳、鼻、舌、身，本天成也。《吕氏春秋·去私篇》云："黄帝声禁重，色禁重，衣禁重，香禁重，味禁重。"可谓见之者昌。释氏谓眼、耳、鼻、舌、身、意为六贼,此以心为贼主,义同。眼本非贼,从色为贼。耳本非贼,从声为贼。鼻本非贼,从香为贼。舌本非贼,从味为贼。身本非贼,从触为贼。五贼劫心,心不自主,反为贼窟。背觉合尘,天地昼晦矣。然此五贼,本来面目,净同太虚,妙造天然。苟真见谛,五贼非贼,本一真心。一心灵运,无边境界,体露真常,远离系缚,见无见见,闻无闻闻,臭无臭臭,言无言言,作无作作。位天地以造万物之命,育万物以济天地之穷,自无难矣。宇宙真元归掌握,万亿化机出毛孔,独步大千,逍遥自在。

旧注《广成子》曰"以为积火焚五毒"。积火者,拙火定也。五毒者,色、声、香、味、触。凡受是苦,劫真心故。

天性,人也。人心,机也。立天之道,以定人也。

天人一性,心外无天。化机道妙,总于一心。万象庄严,在人建立。奠定宇宙,上德无为。是故圣人清静为天下正。

天发杀机,龙蛇起陆。人发杀机,天地反复。

法界体性,森罗万有,有生灭因缘,成住坏空,无或停时。当坏劫时,洪水泛滥,大陆沉没,龙蛇逼人,是杀机之发于天者,无非旷劫众生心业感召也。若夫争地以战,杀人盈野,争城以战,杀人盈城,是杀机之发于人者,直至天翻地覆。人无生趣,亦因人心不平,以强劫弱,往往杀害物命,残忍积怨,所结果也。天道好还,今日人食羊,异日人为羊,羊为人,羊又食人。一往一复,形象变迁,无定准也。

天人合发，万变定基。

天者，人心之廓都，本不生灭，而有生灭因缘。往往属于人者，为有我之私心，不平等心，生灭心；而属于天者，为无我之公心，平等心，不生不灭心。了知不平等之生灭心，万变无常，必感一切苦果，厌离之；恒保持其不生不灭，大公无我之平等心，万变一如，得究竟乐，即是天心，亦即真俗双融、天人不二之清净真心。以此真心，发而为德教，承教者无不薄尘世无常之虚荣，而得了生脱死之寿。以此真心，发而为政令，从政者无不轻小己无常之微利，而体先民后身之仁。诚以生者无生，死者无死，繁华万变，转瞬无存，不足贵。本自真心，至天地废坠而不或亏，是为至贵。主不变者，以持天下之万变，是为奠定宇宙万变之基。

性有巧拙，可以伏藏。

此文未见谛理，疑后世俗学羼入也。性体原无巧拙，从体起用，始有巧拙。本真之性，似拙而伏巧；乖真之性，似巧而藏拙。至巧拙见于行事，人己俱不利，或利己而不利人者，均当灭除，岂可伏藏？终为奸邪小人。若人己俱利，或不利己而利人者，均当为而不有，亦不可以伏藏。伏藏，非圣人也。抑知巧拙无实，觅不可得，体自空寂，奚可伏藏？徒滋迷妄。

九窍之邪，在乎三要，可以动静。

三要者，身、口、意也。九窍非邪，三要动静失当而邪。诸佛世尊知见严正，身口意业，或动或静，智悲殊胜，最自在也。十方三世无尽众生，本原一心，依无为法，人圆觉海，无不清静，安稳快乐，动本无动，契真常也。若诸凡夫，迷自真心，昧本妙明，知邪见邪，身口意业，无不颠倒，一动一静，不利自他。妄动积殃，无正静时，枉受轮堕，至可哀愍。

火生于木，祸发必克。奸生于国，时动必溃。知之修炼，谓之圣人。

木具火性，清静则宁，遇缘火发，木身灰矣，犹目以五色而盲，耳以五音而聋也。孰知制止其祸于未萌，背尘合觉，保存其身，福利世间耶？国聚兆民，奸生无象，乘时而动，国不保矣。吾人一身，奸火环伺，外忧内患，与国无异，触机即发，可危甚矣。夫唯真人，真知祸原，心为物役，贼自真心，大火越逸，未足喻也。明心本净，不受尘缠，湛然觉照，精进真修。"耳目不淫，心无他图，正心在中，万物得度"（《管子·内业》）。金刚道成，无坚不摧。万缘寂灭，谓之圣人。

# 中篇

天生天杀，道之理也。

法性本无生，而有生灭相。春生夏长，秋收冬藏，有成有毁，道通为一。

天地，万物之盗。万物，人之盗。人，万物之盗。三盗既宜，三才既安。

天地生成万物，而生机杀机不二，是刍狗万物也。万物厚人之生，而生生之厚，适以速死，是贼害人生也。人为利用万物，而畜养之，栽培之，杀之伐之，是刀刃万物也。皆盗机之显露者也。故曰：天地，万物之盗；万物，人之盗；人，万物之盗。虽然，三盗所以壮天地活泼之观，形万物形形之妙，进人生位育之德。宇宙万有本无生灭而生灭，虽生灭仍无生灭。苟能冥契无为而无不为，则三盗无不宜，三才无不安矣。三才者，天、地、人也。

故曰食其时，百骸理。动其机，万化安。

天下事，利与害并。饮食所以养生，若极五味之调、芬芳之和，是为腐肠毒药，足以伤生损寿。苟能薄滋味以养形，减嗜欲以养神，适其时宜，足以充虚继气，悦耳明目，百骸无不理矣。足见天下事，动合机宜，应其时，如其量，无少差违，化彼万有，莫不安全。

人知其神之神，不知不神之所以为神也。

宇宙万有，化机无滞，人知其神之神，不知皆一湛寂真心，随缘赴感，不神之所以为神。《易》曰："无思也，无为也。寂然不动，感而遂通天下之故。"是"感无不通"之至神，出于"无思""无为"之不神也。《山海经·海内西经》"开明东，有巫彭，巫抵，巫阳，巫履，巫凡，巫相"，郭璞注："皆神医也。"夫医之所以奏神效，人皆称之为神者，皆其不神与众生同之心，所以为神也。惜乎人不之知也。《焦氏易林·小畜之渐》："学灵三年，仁圣且神。"明不神者由学灵三年而神也。释氏有天眼通、天耳通、他心通、宿命通、神境通、漏尽通诸神用，皆一切含灵本净明心，具足无尽威德妙理也。只以积劫妄想执著，而不证得。苟能精修健空胜慧，真穷惑尽，则大圆镜智现前，十方尘刹，一心周遍，无不朗照，神乎其神矣。

日月有数，大小有定，圣功生焉，神明出焉。

此说未脱阴阳家窠臼，不可从。地球绕日一周为一岁，三百六十五日又三时。月球绕地一周为一月，大约二十九日半。所谓"日月有数，大小有定"也。古者道家清修，计校阴阳日时，行持异致，非不少许应理。然不知日月大小，假名无实，未免着相。窃以四时寒暑，昼作夜息，潜修圣功，气候温凉，固宜因时调摄。而必斤斤于日时之阴阳，究无关于真际也。《易·乾·象》曰："天行健，君子以自强不息。"《论语·里仁篇》曰："君子无终食之间违仁，造次必于是，颠沛必于是。"皆明无时无处不然也。然则圣功胡为生，神明胡为出？云楼大师曰："心摄也，游念敛也湛寂生。心寂也，定力深而慧光发。"示捷径也。《文子·精诚篇》："老子曰，全性保真，不亏其身。"精通乎天，何为而不成《管子·心术下》曰："执一之君子，执一而不失，能君万物。"要自明了自心、本净妙明、祛妄出缠始。

其盗机也，天下莫能见，莫能知。君子得之固躬，小人得之轻命。

宇宙万有，莫非盗机，不分君子小人，平等环伺。《礼·乐记》云："夫物之感人无穷，而人之好恶无节。则是物至而人化物也。人化物也者，灭天理而穷人欲矣。"于是有悖逆诈伪之心，有淫佚作乱之事，是故强者胁弱，众者暴寡，智者诈愚，勇者苦怯，举世皆盗贼矣。夫物至而人化物者，明盗机满天下，天下莫能见，莫能知，无不认贼为父，认贼为子，甘以身殉之。此小人所以被盗机转，而昧其本具真常之性，枉自轻命者也。《庄子·应帝王篇》曰："无为名户，无为谋府，无为事任，无为智主，体尽无穷而游无朕，尽其所受于天，而无见得，心虚而已。"此君子了知一切有相，皆是虚妄，体取无生，不任万物为盗，知盗机之动，能胜而止之也。约而言之，君子无为，能役物而不役于物，故固躬。小人有为，不能役物而役于物，故轻命。其机秘密间不容发，非尧、桀异性也。

# 下篇

瞽者善听，聋者善视。绝利一源，用师十倍。三反昼夜，用师万倍。

李筌曰："师旷熏目而聪耳，离朱漆耳而明目。"明心能专一，始能神其用也。读《书·泰誓》知武臣三千一心，克受亿万众心，足见绝等大利，要在万行一心也。譬之用师，万众一心，十全策也。如是再三反复，经长昼，历永夜，二六时中，一心不纷，应机用事，乃凝于神。譬之行军，百战百胜，万全策也。

心生于物，死于物。机在于目。

物者，色、声、香、味、触、法六尘，缘眼、耳、鼻、舌、身、意六根，引起眼等六识与根尘接，取粗显境，心为作意，是之谓心生于物。六尘为贼，六根为媒，六识为劫，自劫本具无漏功德妙明真心，繁兴妄染，念念生灭，无间断时。心化为物，不能自主，由诸贪爱，而起执著，滋惑造业，招变坏苦，无常迅速，死相现前，是之谓心死于物。即此生生死死，无止息者，皆因心随物转，迷真逐妄而致。是心生死之机随缘触发，不仅在目，而以当面两目，受染为最，故曰机在于目。此在释氏十二因缘，为无明缘行等，是顺生门，义未详析。至于还灭谛理，必须灭除无明，无明灭则行灭，乃至生死俱灭，缺焉无闻。况但言现世，不详已往与未来，漏义甚多。呜呼，世有远识之士，不读内典，安能自度，安能度他！

**天之无恩，而大恩生。迅雷烈风，莫不蠢然。**

《墨子·天志中》曰："天之爱民厚矣。兼天下而爱之，橪遂万物而利之，若豪之末非天之所为，而民得而利之，则可谓否矣。然独无报夫天。"言天有大恩，似乎无恩，故民不知其恩也《管子·心术上》曰："天曰虚，地曰静，乃不伐。"明天地生成万物而不自伐其功也。《老子》三十四章曰："大道泛兮，其可左右。万物恃之而生而不辞，功成不名有，衣养万物而不为主。"亦言天之无恩而大恩生也。迅雷烈风，正天恩所以生成万物，善济而无心，刻雕众形，妙肖而不为巧者也。其自体固蠢然也。此显无为之大用也。

**至乐性余，至静性廉。**

性备万德，如天恩之普被，无少欠缺。乐与万有结胜缘，任万有之取求，无尽竭时。故曰"至乐性余"。性体妙湛，纵雷风之震动，一若无闻。任外缘纷至沓来，住实际之理地，不受一尘。故曰"至静性廉"。

**天之至私，用之至公。**

天体唯一，不容有二，可谓至私。大用无穷，曲成万物而不遗，可谓至公。至人法之，本万有一如之真心，大德敦化，并育万物而不相害，以至公成至私。至私，即无私之正义。《老子》曰："圣人外其身而身存，非以其无私耶，故能成其私。"本此。故斯人欲完成一己之至私者，非显无私之大用，忘其为我，而兼竖穷横遍之万有，为一至公之大我不可。

禽之制在炁。

"禽""擒"同，摄也。《墨子·尚贤中》曰："圣人之德，总乎天地。"《淮南子·原道训》曰："神托于秋毫之末，而大宇宙之总。"明摄万归一，托小包大也。统制之道，在乎专一心气。塞聪闭明，静思息虑，缘督为经，息周顶踵，心之所至，气亦至焉。摄六合之元精，尽入毛孔。极万变之神化，舒卷一心。

生者，死之根。死者，生之根。恩生于害，害生于恩。

遍空法身，金刚体性，本无生死。而尘世凡夫，生死宛然。良由贪染执著，冥行长夜，生死互根，罔知解脱。怨结为亲，亲翻成怨，心甘逐幻，良堪愍恻。谁能了悟业缘，转识成智，朝彻见独，而不入于不生不死？

愚人以天地文理圣，我以时物文理哲。

天地，一成不变者也。时物，随缘万变者也。本不变而万变，虽万变而不变，二者文理不相舍离。何有天地时物之殊，人愚我智圣哲之分？特愚人务外游，以乾坤辟阖、变动不居之文理圣；我务内观，以因缘时会形物无形，时时物物，皆心色不二之文理哲。现象之文理粗，无象之文理妙。

人以愚虞圣，我以不愚虞圣。

虞，度也。圣人无己，至德无为，渊源玄妙，容貌若愚，众人固不识也。孟荀二子，非墨兼爱，以世俗见，妄毁真人。陋儒效尤，排击佛老。皆人以愚虞圣例也。我以不愚虞圣者，可知圣人心包太虚，化育万类，大智若愚，非真愚也。

人以奇期圣，我以不奇期圣。

凡人心期圣人者，以为出于其类，拔乎其萃，甚神奇也。不知圣人耳目口体，犹是人也。特心超物表，转物而不为物转，与夫众人甘为物转而不能转物者异趣。是故众人以为易者，圣人不以为易，图难于其易。众人以为细者，圣人不以为细，为大于其细。以一念微动，人禽分界，圣狂殊途也。天下难事，必作于易，天下大事，必作于细，无限神奇，在不奇中。此众人皆不知，而圣人独知之者也。平天下，众人以为难事大事，甚奇事也。圣人以平天下，非难事大事。而最难且大事，莫如平自心。自心无奇，平则天下难事大事无不平。千奇万奇，不为奇也。故曰人以奇期圣，我以不奇期圣。

故曰沉水入火，自取灭亡。（此二句当从王凤洲本移前"害生于恩"下。）

众人埋真逐妄，不惜决性命之情而饕贵富。不知贵富之祸，隐伏世间。洪水滔天，大火燎原，未足为喻，嗟乎！污世为名利造孽，祸国殃民者何限？名利不可以诈伪成，而身为天下戮，辱及其亲者何限？名利纵侥幸而成，而性灵汩没殆尽，人形而禽兽心，沦堕恶趣者何限？孰不知水不可沉而甘沉之，火不可入而甘入之，自取灭亡，何苦乃尔！

自然之道静，故天地万物生。

自然之道，当作释氏"法尔"解，不变随缘，随缘不变为得。自然之道静，故天地万物生，堕于无因外道。《老子》云："天地万物生于有，有生于无。"与此同病。是为此土先哲言道欠圆彻，尚有一间未达之证。多读佛经，自知法不孤起也。此文当作"自然之道静，而有无尽缘起，故天地万物生"。言道体玄妙，本寂无生，而随缘赴感，故天地万物生。文义斯园满矣。《朱子语录》载间丘次孟论"《阴符经》'自然之道静'至'变化顺矣'数语，虽六经之言无以加"，可谓见谛，而不知者有漏义也。

天地之道浸，故阴阳胜，阴阳相推，而变化顺矣。

言天地之道，有互相浸淫时，或阴胜阳，或阳胜阴，均非正也。必阴阳相济，如《易》九五、六二，各居正位，斯一切变化，顺理无违矣。

是故圣人知自然之道不可违，因而制之。

自然之道，即一真法界之异名，其体性清虚，周遍常住，本不生灭，湛然寂静，了无差别境界之相。但因众生一念不觉，依真起妄，则本不生灭者，而生灭宛然。故觉则契真无妄，远离染缘；不觉则逐妄乖真，甘心尘缚。于是凡圣殊途，染净异致；因该果海，苦乐悬殊；依业感报，不稍差违。夫唯圣人，深知其故，因而弘化，普度有情，返妄归真，务制止其生灭妄心，而保持其不生不灭之真常心。庶几念念清明，不为尘染，世无桀纣，皆尧舜矣。

自然之道，即满足一切功德之天道，专就清净无染言，则天之无恩而大恩生是。《易·乾·文言传》曰："乾始能以美利利天下，不言所利，大矣哉！"同。就染净无分言，则真妄和合，有不生灭与生灭二义。一切染净因果，皆从真妄熏变，允宜祛妄而显真，不可违真而逐妄。《易·乾·彖》曰："大明终始，六位时成。时乘六龙御天。"蔡虚斋曰"御者如御车之御"，谓天亦诸幻生灭之根本业识，不可顺从，沦堕苦海，宜制御之。《易·系上》曰："犯违天地之化而不过。"马融、王肃本如此。章太炎云："天地之化，所谓生灭。不生不灭，则犯违天地之化也。超出三界，非于三界之外，别建法界，所谓不过也。"愚案："化而裁之存乎变"，即制裁天地之化，转变生灭为不生灭，是之谓御天。是"因而制之"之确诂。春秋时，楚申包胥曰："人定胜天。"见《史记·伍子胥传》。《荀子·天论篇》曰："从天而颂之，孰与制天命而用之。"义同。释尊五时设化，无非欲令有情，群从生死欲流返穷流根，至不生灭。世称佛法如天门，信然。英儒赫胥黎《天演论》曰"天不可以独住，要贵以人持天"，西土惊为绝唱，岂知二千年前，东亚已属常谈。

> 至静之道，律历所不能契。

至静之道，清虚妙湛，具足世出世间无漏功德，一切染法所不能染，有不可思议神通妙用。随众生根，自然相应而现，令得利益。一切有情，悟本真心，修证等觉，妙用亦然。此圆明道，六律未能显其音，巧历不能得其数。理至奥秘，能相印契者鲜矣。

> 爰有奇器，是生万象。八卦甲子，神机鬼藏。

奇器，即至静之道体。如如不动，寥廓真心，无形无相，随缘赴感，纷陈万象。伏羲因而画八卦，以通神明之德，以类万物之情。大挠因而作甲子，以纪年月日时，以观天下之动而贞吉，是故天生神物，圣人则之，为天下利。探赜索隐，钩源致远，利莫大焉。《管子·内业篇》云："凡物之精，此则为生。下生五谷，上为列星。流于天地之间，谓之鬼神。藏于胸中，谓之圣人。敬守勿失，是谓成德。德成而智出，万物果得。"孰知神出鬼没，不足为奇，而不神为所以神之妙明真心，斯为神器之至奇。

阴阳相胜之术，昭昭乎进乎象矣。

阴阳相胜之术，谓刚柔相推而生变化。变化者进退之象，故曰昭昭乎进乎象矣。譬之弹琴，弦缓则不鸣，弦急则声绝，急缓得中，诸音普调。学道犹然，心静气理，调和适中，道可成矣。

此初誊正稿，与《列子抉择谈》稿，曾在重庆长安寺被人窃去，幸原稿尚存，又费时录出，加以订正如此。

崇文学术文库 · 西方哲学

01. 靳希平 吴增定：十九世纪德国非主流哲学——现象学史前史札记
02. 倪梁康 现象学的始基：胡塞尔《逻辑研究》释要（内外编）
03. 陈荣华 海德格尔《存有与时间》阐释
04. 张尧均 隐喻的身体：梅洛－庞蒂身体现象学研究（修订版）
05. 龚卓军 身体部署：梅洛－庞蒂与现象学之后
06. 游淙祺 胡塞尔的现象学心理学 [待出]
07. 刘国英 法国现象学的踪迹：从萨特到德里达 [待出]
08. 方红庆 先验论证研究
09. 倪梁康 现象学的拓展：胡塞尔《意识结构研究》述记 [待出]
10. 杨大春 沉沦与拯救：克尔凯郭尔的精神哲学研究 [待出]
11. 刘胜利 身体、空间与科学——梅洛－庞蒂的空间现象学研究（增订版）[待出]

崇文学术文库 · 中国哲学

01. 马积高 荀学源流
02. 康中乾 魏晋玄学史
03. 蔡仲德 《礼记·乐记》《声无哀乐论》注译与研究
04. 冯耀明 "超越内在"的迷思：从分析哲学观点看当代新儒学
05. 白 奚 稷下学研究：中国古代的思想自由与百家争鸣
06. 马积高 宋明理学与文学
07. 陈志强 晚明王学原恶论
08. 郑家栋 现代新儒学概论（修订版）[待出]
09. 张 觉 韩非子考论 [待出]
10. 佐藤将之 参于天地之治：荀子礼治政治思想的起源与构造
11. 任剑涛 伦理政治研究：从早期儒学视角的理论透视 [待出]
12. 栾调甫 墨子研究论文集 [待出]
13. 容肇祖 明代思想史 [待出]

崇文学术 · 逻辑

1.1 章士钊：逻辑指要　　1.2 金岳霖：逻辑
1.3 傅汎际 译义，李之藻 达辞：名理探
1.4 穆 勒 著，严复 译：穆勒名学　　1.5 耶方斯 著，王国维 译：辨学
1.6 亚里士多德 著：工具论（五篇 英文）
2.1 刘培育：中国名辩学　　2.2 胡 适：先秦名学史（英文）
2.3 梁启超：墨经校释　　2.4 陈 柱：公孙龙子集解
2.5 栾调甫：墨辩讨论　　2.6 谭戒甫：墨经易解
3.1 窥基、神泰：因明入正理论疏 因明正理门论述记（金陵本）
3.2 王恩洋、周叔迦：因明入正理论释（二种）

西方哲学经典影印

01. 第尔斯（Diels）、克兰茨（Kranz）：前苏格拉底哲学家残篇（希德）

02. 弗里曼（Freeman）英译：前苏格拉底哲学家残篇

03. 柏奈特（Burnet）：早期希腊哲学（英文）

04. 策勒（Zeller）：古希腊哲学史纲（德文）

05. 柏拉图：游叙弗伦 申辩 克力同 斐多（希英），福勒（Fowler）英译

06. 柏拉图：理想国（希英），肖里（Shorey）英译

07. 亚里士多德：形而上学，罗斯（Ross）英译

08. 亚里士多德：尼各马可伦理学，罗斯（Ross）英译

09. 笛卡尔：第一哲学沉思集（法文），Adam et Tannery 编

10. 康德：纯粹理性批判（德文迈纳版），Schmidt 编

11. 康德：实践理性批判（德文迈纳版），Vorländer 编

12. 康德：判断力批判（德文迈纳版），Vorländer 编

13. 黑格尔：精神现象学（德文迈纳版），Hoffmeister 编

14. 黑格尔：哲学全书纲要（德文迈纳版），Lasson 编

15. 康德：纯粹理性批判，斯密（Smith）英译

16. 弗雷格：算术基础（德英），奥斯汀（Austin）英译

17. 罗素：数理哲学导论（英文）

18. 维特根斯坦：逻辑哲学论（德英），奥格登（Ogden）英译

19. 胡塞尔：纯粹现象学通论（德文1922年版）

20. 罗素：西方哲学史（英文）

21. 休谟：人性论（英文），Selby-Bigge 编

22. 康德：纯粹理性批判（德文科学院版）

23. 康德：实践理性批判 判断力批判（德文科学院版）

24. 梅洛－庞蒂：知觉现象学（法文）

西方科学经典影印

1. 欧几里得：几何原本，希思（Heath）英译

2. 阿基米德全集，希思（Heath）英译

3. 阿波罗尼奥斯：圆锥曲线论，希思（Heath）英译

4. 牛顿：自然哲学的数学原理，莫特（Motte）、卡加里（Cajori）英译

5. 爱因斯坦：狭义与广义相对论浅说（德英），罗森（Lawson）英译

6. 希尔伯特：几何基础 数学问题（德英），汤森德（Townsend）、纽苏（Newson）英译

7. 克莱因（Klein）：高观点下的初等数学：算术 代数 分析 几何，赫德里克（Hedrick）、诺布尔（Noble）英译

西方人文经典影印

01. 拉尔修：名哲言行录（希英对照）[待出]
02. 弗里曼（Freeman）英译：前苏格拉底哲学家残篇
03. 卢克莱修：物性论，芒罗（Munro）英译
　　爱比克泰德论说集，马可·奥勒留沉思录，乔治·朗（George Long）英译
04. 西塞罗：论老年 论友谊（拉英对照）[待出]
05. 塞涅卡：道德文集（拉英对照）[待出]
06. 波爱修：哲学的慰藉（拉英对照）[待出]

07. 蒙田随笔全集，科顿（Cotton）英译
08. 培根论说文集（英文）
09. 弥尔顿散文作品（英文）
10. 帕斯卡尔：思想录，特罗特（Trotter）英译
11. 斯宾诺莎：知性改进论 伦理学，埃尔维斯（Elwes）英译
12. 贝克莱：人类知识原理 三篇对话（英文）

13. 马基亚维利：君主论，马里奥特（Marriott）英译
14. 卢梭：社会契约论（法英），柯尔（Cole）英译
15. 洛克：政府论（下篇） 论宽容（英文）
16. 密尔：论自由 功利主义（英文）
17. 潘恩：常识 人的权利（英文）
18. 汉密尔顿、杰伊、麦迪逊：联邦论（英文）[待出]
19. 亚当·斯密：道德情操论（英文）[待出]
20. 亚当·斯密：国富论（英文）

21. 荷马：伊利亚特，蒲柏（Pope）英译
22. 荷马：奥德赛，蒲柏（Pope）英译
23. 古希腊神话（英文）[待出]
24. 古希腊戏剧九种（英文）
25. 维吉尔：埃涅阿斯纪，德莱顿（Dryden）英译
26. 但丁：神曲（英文）
27. 歌德：浮士德（德文）
28. 歌德：浮士德，拉撒姆（Latham）英译
29. 尼采：查拉图斯特拉如是说（德文）
30. 尼采：查拉图斯特拉如是说，康芒（Thomas Common）英译
31. 里尔克：给青年诗人的十封信 杜伊诺哀歌 致俄耳甫斯的十四行诗（德文）
32. 加缪：西西弗神话（法英），贾斯汀·奥布莱恩（Justin O'Brien）英译
33. 荷尔德林诗集（德文）
34. 普鲁塔克：希腊罗马名人传，德莱顿（Dryden）英译

唯识学丛书

01.周叔迦：唯识研究

02.唐大圆：唯识方便谈

03.慈　航：成唯识论讲话

04.法　舫：唯识史观及其哲学

05.吕澂唯识论著集

06.王恩洋唯识论著集

07.梅光羲唯识论著集

08.韩清净唯识论著集

09.王恩洋：摄论疏

10.王恩洋、周叔迦：唯识二十论注疏（二种）

11.王恩洋、周叔迦：因明入正理论释（二种）

12.无著、世亲等：唯识基本论典合集

13.太虚、欧阳竟无等：唯识义理论争集

14.王夫之、废名等：诸家论唯识

15.熊十力等：新唯识论（批评本）

16.太虚唯识论著精选集

17.唯识所依经三种合刊（藏要本影印）

18.唯识十支论·无著卷（藏要本影印）

19.唯识十支论·世亲卷（藏要本影印）

20.成唯识论（藏要本影印）

21.田光烈唯识论著集

22.欧阳竟无：唯识讲义

23.罗时宪：唯识方隅

24.倪梁康：八识规矩颂注译（二种）

25.杨廷福：玄奘年谱

26.金陵刻经处大事记长编（1864—1952）

27.成唯识论（金陵本影印）

禅解儒道丛书

1—2.憨山：老子道德经解　庄子内篇注

3—4.蕅益：四书蕅益解　周易禅解

5.杨仁山：经典发隐　欧阳竟无：孔学杂著 [待重印]

6.马一浮：老子注　章太炎：齐物论释 [待重印]

7.张纯一：老子通释　阴符经真解

中国近现代哲学

01. 熊十力：新唯识论（批评本）

02. 胡　适：说儒

03. 马一浮：泰和宜山会语　法数钩玄

04. 汤用彤讲西方哲学

05. 国学到底是什么

06. 阳明心学得失论

07. 熊十力：心书　尊闻录

08. 王恩洋：新理学评论　儒学中兴论

09. 太虚讲国学哲学

10. 王国维哲学论著集

11. 章太炎文选

12. 梁启超：新民说

13. 谭嗣同：仁学

14. 鲁　迅：坟　热风

**徐梵澄著译选集**

1. 尼采自传（德译汉）　　2. 薄伽梵歌（梵译汉）

3. 玄理参同（英译汉）　　4. 陆王学述

5. 老子臆解　　　　　|　　6. 孙波：徐梵澄传

**中国古代哲学典籍丛刊**

1.〔明〕王肯堂 证义，倪梁康、许伟 校证：成唯识论证义

2.〔唐〕杨倞 注，〔日〕久保爱 增注，张觉 校证：荀子增注

3.〔清〕郭庆藩 撰，黄钊 著：清本《庄子》校训析

4. 张纯一 著：墨子集解

**西方汉学经典影印**

1.〔英〕修中诚（Hughes）译：古典时代的中国哲学（英文）

**印度经典影印**

1.〔英〕策纳（Zaehner）译：印度圣典（英文）

崇文学术译丛·西方哲学

01.〔英〕斯退士 著，鲍训吾 译：黑格尔哲学
02.〔英〕斯退士 著，庆泽彭 译：批判的希腊哲学史[待出]
03.〔法〕笛卡尔 著，关文运 译：哲学原理 方法论
04.〔德〕康德 著，关文运 译：实践理性批判
05.〔英〕休谟 著，周晓亮 译：人类理智研究
06.〔英〕休谟 著，周晓亮 译：道德原理研究
07.〔美〕迈克尔·哥文 著，周建漳 译：于思之际，何所发生
08.〔美〕迈克尔·哥文 著，周建漳 译：真理与存在
09.〔法〕梅洛－庞蒂 著，张尧均 译：可见者与不可见者[待出]
10.〔日〕慎改康之 著，叶晨阳 译：米歇尔·福柯：一种挣脱自我的哲学尝试

## 语言与文字

01.〔法〕梅耶 著，岑麒祥 译：历史语言学中的比较方法
02.〔美〕萨克斯 著，康慨 译：伟大的字母
03.〔法〕托里 著，曹莉 译：字母的科学与艺术
04.〔英〕麦克唐奈（Macdonell）：学生梵语语法
05.〔法〕迪罗塞乐（Duroiselle）：实用巴利语语法
06.〔美〕艾伦（Allen）、格里诺（Greenough）：拉丁语语法新编
07.〔英〕威廉斯（Williams）：梵英大词典
08.〔美〕刘易斯（Lewis）、肖特（Short）：拉英大词典
09.〔丹麦〕叶斯柏森（Jespersen）著：语法哲学
10.〔瑞士〕索绪尔（Saussure）著，〔美〕巴斯金（Baskin）译：普通语言学教程

## 武内义雄文集

1.中国思想史　　2.论语之研究
3.老子原始　　　4.中国学研究法

## 生命文化丛书

1.谢　观：中国医学源流论

出品：崇文书局人文学术编辑部

联系：027-87679738，mwh902@163.com

我
思 ®

敢于运用你的理智